Gerhard Dürrwächter

Aufwärmen, nicht nur lästige Pflichtübung!

Gerhard Dürrwächter

Aufwärmen,
nicht nur lästige Pflichtübung!

90 Aufwärmeinheiten, die Spaß machen

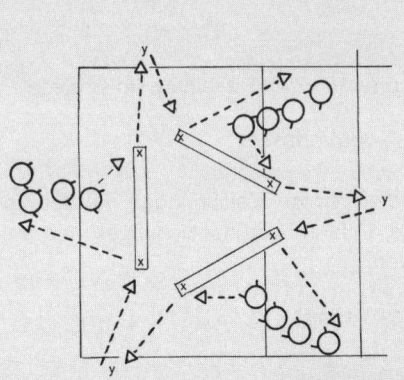

Verlag Karl Hofmann Schorndorf

Die Deutsche Bibliothek — CIP-Einheitsaufnahme

Dürrwächter, Gerhard:
Aufwärmen, nicht nur lästige Pflichtübung! : 90 Aufwärmeinheiten,
die Spass machen / Gerhard Dürrwächter.
[Fotos: Hildegard Dürrwächter. Bewegungszeichn.: Karl Heinz Grindler]. – 1. Aufl. –
Schorndorf : Hofmann, 1996
ISBN 3-7780-7190-4

Bestellnummer 7190

© 1996 by Verlag Karl Hofmann, Schorndorf

1. Auflage 1996

Alle Rechte vorbehalten. Ohne ausdrückliche Genehmigung des Verlags ist es nicht gestattet, die Schrift oder Teile daraus auf fototechnischem Wege zu vervielfältigen. Dieses Verbot — ausgenommen die in § 53, 54 URG genannten Sonderfälle — erstrecken sich auch auf die Vervielfältigung für Zwecke der Unterrichtsgestaltung. Als Vervielfältigung gelten alle Reproduktionsverfahren einschließlich der Fotokopie.

Anschrift des Verfassers:
Prof. Dr. Gerhard Dürrwächter, Hochfirststraße 10, 79115 Freiburg im Breisgau

Fotos: Hildegard Dürrwächter, einige Fotos vom Verfasser
Symbolskizzen: Verfasser
Bewegungszeichnungen: Karl Heinz Grindler; einige Zeichnungen wurden mit freundlicher Genehmigung des Verlags aus anderen Veröffentlichungen des Verlags Karl Hofmann, Schorndorf übernommen.

Gesamtherstellung in der Hausdruckerei des Verlags
Printed in Germany · ISBN 3-7780-7190-4

Inhalt

Seite

Einführung

1. Aufwärmen, nicht nur lästige Pflichtübung 11
2. Aufwärmen als Mittel zum Zweck 11
3. Aufwärmeinheiten, die Spaß machen 11
4. Sofort alle bewegen 12
5. Keine Anstrengungen am Anfang 12
6. Individuelle Dosierungen ermöglichen 12
7. Abwechslung in jeder Beziehung 13
   - Gemeinsam üben 13
   - Handgeräte verwenden 13
   - Freie Ordnungsformen und selbstgewählte Laufwege 13
   - Laufen im Wechsel mit Üben an Ort und Stelle 13
8. Stretching 13
9. Dauer und Intensität des Aufwärmens 14
10. Medizinisch-Biologisches zum Thema Aufwärmen 14
    - Schutz gegen Verletzungen 14
    - Erhöhen der Leistungsbereitschaft und Leistungsfähigkeit . 14
11. Passives Aufwärmen 15

Die Aufwärmeinheiten

Vom Zeitungsbogen bis zur Teppichfliese (1–10) 16

Gymnastikstab – balancieren und dehnen (11–20) 36

Medizinball – werfen und rollen (21–30) 56

Ball und Partner (31–40) 76

Mit zwei Bällen gleichzeitig (41–50) 96

Mit Ball in der Gruppe (51–60) 116

Springseil, Tau und Schwungseil (71–80) 156

1–10 Vom Zeitungsbogen bis zur Teppichfliese

Seite

1	Zeitung; einfacher Bogen	16
2	Zeitung; Doppelbogen	18
3	Plastiktüte	20
4	Handtuch	22
5	Tennisball; diagonal laufen	24
6	Tennisball; jeder mit zwei Bällen	26
7	Luftballon; Paare mit einem Ballon	28
8	Luftballon; jeder hat einen Ballon	30
9	Teppichfliese; Paare mit einer Fliese	32
10	Teppichfliese; jeder hat eine Fliese	34

11–20 Gymnastikstab, balancieren und dehnen

11	Jeder mit Stab; balancieren	36
12	Jeder mit Stab; Laufrichtung anzeigen	38
13	Jeder mit Stab; Kurvenlauf	40
14	Jeder mit Stab; Slalomlauf	42
15	Jeder mit Stab; im Kreis	44
16	Paare ein Stab; Tandem	46
17	Paare ein Stab; Längsbahn	48
18	Paare zwei Stäbe; Dampflok	50
19	Dreiergruppe zwei Stäbe; Stabübergabe	52
20	Dreiergruppe zwei Stäbe; Pendellauf	54

21–30 Medizinball, werfen und rollen

21	Paare ein Ball; Ball suchen	56
22	Paare ein Ball; nebeneinander	58
23	Paare ein Ball; Wechsel in den Ecken	60
24	Paare ein Ball; diagonal rollen	62
25	Jeder mit Ball; verteilt auslegen	64
26	Jeder mit Ball; „kreuz und quer"	66

27	Jeder mit Ball; von der Mittellinie zur Wand	68
28	Jeder mit Ball; von der Wand zur Mitte	70
29	Jeder mit Ball; in den Ecken	72
30	Jeder mit Ball; im Kreis	74

31–40 Paare mit einem Ball

31	Schattenlaufen	76
32	Nebeneinander laufen	78
33	Einer dribbelt	80
34	Mit Ball hat Vorfahrt	82
35	Mit Ball an Ort und Stelle	84
36	Ohne Ball im Kreis laufen	86
37	Häufiger Ballwechsel	88
38	Abspiel und um den Partner laufen	90
39	Abspiel und um die Gruppe laufen	92
40	Am Partner vorbeilaufen	94

41–50 Paare mit zwei Bällen

41	Einer mit beiden Bällen	96
42	Ballübung und Zusatzübung	98
43	Einer im Stand, der andere läuft	100
44	Gemeinsam laufen	102
45	Verfolgungsdribbeln	104
46	Gleichzeitig abspielen	106
47	Gasse, um den Partner laufen	108
48	Gasse, mit Platzwechsel	110
49	Vier Schwedenbänke	112
50	Auf den Linien dribbeln	114

51–60 Mit Ball in der Gruppe

| 51 | Paare mit einem Ball; von Wand zu Wand | 116 |
| 52 | Jeder mit Ball; immer enger | 118 |

53 Jeder mit Ball; Spielfeldwechsel 120
54 Jeder mit Ball; Von der Endlinie zur Wand 122
55 Jeder mit Ball; Eckenwechsel 124
56 Jeder mit Ball; an allen Wänden 126
57 Vierergruppe mit 2 Bällen 128
58 Im Kreis mit zwei Bällen 130
59 Dreiergruppe mit einem Ball 132
60 Fünfergruppe mit einem Ball 134

61–70 Ohne Handgerät

61 Atomspiel 136
62 Laufen und Partnerübungen 138
63 Partnerübungen und Lauf an den Linien 140
64 Drei Schwedenbänke 142
65 Hand in Hand 144
66 Dreiergruppen 146
67 Mattenbahn mit Slalomlauf 148
68 Mattenbahn, über die Matten 150
69 Zwei Zauberschnüre 152
70 Seilviereck 154

71–80 Springseil, Schwungseil und Tau

71 Jeder mit Springseil; Seilknäuel 156
72 Jeder mit Springseil; lang hinterherziehen 158
73 Paare ein Seil; Schattenlaufen 160
74 Paare ein Seil; Partnerwechsel 162
75 Dreiergruppe mit einem Seil 164
76 Dreiergruppe mit dem Seilring 166
77 Schwingseil in der Mitte 168
78 Rundseil, genau im Kreis laufen 170
79 Rundseil, alles im Kreis 172
80 Tau; immer dicht hintereinander 174

81—90 Handgeräte kombinieren

81 Gymnastikstab und Volleyball 176
82 Gymnastikreifen und Volleyball 178
83 Medizinball und Volleyball 180
84 Fußball und Handball 182
85 Zauberschnur und Ball 184
86 Handtuch und Volleyball 186
87 Schwingseil und Ball 188
88 Weichbodenmatte und Basketball 190
89 Drei Bänke und Hohlball 192
90 Kleinkasten und Gymnastikstab 194

Einführung

1. Aufwärmen – nicht nur lästige Pflichtübung

Die gute Resonanz auf eine Serie, die vor einigen Jahren unter diesem Titel in der Deutschen-Volleyball-Zeitschrift erschien, legte es nahe, derartige „fertige" und erprobte Vorschläge zum Aufwärmen als Buch herauszugeben.
Diese Aufwärmmodelle sind für alle Alters- und die meisten Könnensstufen geeignet und hauptsächlich für den Breiten- und Schulsport gedacht und weniger für Wettkampfgruppen.

2. Aufwärmen als Mittel zum Zweck

Für Wettkampfsportler ist das gleichartig ablaufende Aufwärmprogramm vor jedem Training geeigneter und wirksamer als ständig wechselnde Aufwärmangebote des Trainers.
Sie beginnen mit dem „Allgemeinen Aufwärmen", einem allmählich steigenden Belasten der großen Muskelgruppen und des Herz-Kreislaufsystems und gehen dann zum „Speziellen Aufwärmen" über, das genau auf die Bedürfnisse der jeweiligen Sportart abgestimmt ist. Die Auswahl der Übungen und ihre Dauer sind optimal ausgewogen; häufige Veränderungen würden die Wirkung des Aufwärmens schmälern oder viel mehr Zeit beanspruchen.
Das Aufwärmen läuft automatisch ab, die ganze Aufmerksamkeit kann der folgenden Trainingseinheit oder dem folgenden Wettkampf gelten. Es ist Mittel zum Zweck, soll eine optimale Leistungsbereitschaft herstellen und die Verletzungsgefahr reduzieren. Veränderungen des gewohnten Ablaufes erfolgen nur bei extremen Außentemperaturen bzw. Wetterbedingungen und manchmal in Abhängigkeit vom Folgeprogramm (z. B. Spezialtraining oder Wettkampf).

3. Aufwärmeinheiten, die Spaß machen

Ganz anders als im Wettkampfbereich ist die Situation bei der Mehrzahl der Sporttreibenden, bei den Ausgleichs- und Freizeitsportgruppen und im Schulsport. Hier ist im „Einleitenden Stundenteil" das Einstimmen genauso wichtig wie das Aufwärmen. Nicht nur der physische Bereich muß stimmen, dem psychischen Bereich gilt die gleiche Aufmerksamkeit; ja, er hat sogar manchmal Vorrang. Ein immer gleichbleibendes Aufwärmprogramm wäre für diese Sportler zu langweilig und monoton.
Der Übungsleiter oder Sportlehrer muß bei diesen Sportgruppen besonders am Anfang aufmuntern und anregen, er muß zur Bewegung motivieren und Interesse wecken, aktivieren und Lernbereitschaft schaffen.

Gewiß, es gibt auch Stunden, in denen die Gruppe voller Bewegungsdrang in die Halle stürmt, in denen Aufwärmen und Einstimmen kein Thema sind und eher gebremst und diszipliniert werden muß. Normalerweise geht es jedoch darum, den vergangenen Arbeitstag oder die vorhergegangenen Unterrichtsstunden allmählich in den Hintergrund zu drängen und die Stimmung für ein freudvolles Sporttreiben zu schaffen.
Obwohl die Persönlichkeit und das Geschick des Lehrers in diesem Bereich die entscheidende Rolle spielen, können eine ganze Reihe von Maßnahmen das gekonnte Einstimmen wirksam unterstützen.

4. Sofort alle bewegen

Bei der ersten Übung sollten sich alle Teilnehmer sofort bewegen können und nicht erst lange Einführungen und Erklärungen anhören müssen (diese kann man meist auch später anbringen, wenn die Gruppe eine Pause braucht). Am Anfang sollte auch niemand an Ort und Stelle warten müssen, bis andere mit der ersten Übung fertig sind. Je jünger die Teilnehmer sind, desto wichtiger ist diese Regel.

Eine Voraussetzung ist allerdings unabdingbar: die Anfangsübung muß ungefährlich und einfach sein. Man kann auch bekannte Übungen an den Anfang stellen oder solche, bei denen Vormachen genügt. Vormachen motiviert und spart Zeit. So sollte man z. B. komplizierte Laufwege nicht ausführlich beschreiben, sondern einfach die erste oder auch noch die zweite „Runde" vorauslaufen. Es spricht auch wenig dagegen, immer dann vorzumachen, wenn diese Information ausreicht und das Wesentliche vermitteln kann (im Verlauf der Stunde muß ohnedies genug geredet und verbal vermittelt werden). Sehr häufig ist die beste Lösung, optische und verbale Informationen zu kombinieren, also zunächst vorzumachen oder vorzuzeigen und das Entscheidende oder Wichtige verbal anzufügen oder hervorzuheben.

5. Keine Anstrengungen am Anfang

Der Stundenbeginn sollte nie anstrengend und belastend sein, man sollte am Anfang keinesfalls Sprints oder Sprünge fordern. Auch die Steigerung der Belastung darf nicht zu steil und unvermittelt erfolgen. Je älter die Teilnehmer sind, desto bedeutsamer ist diese Forderung.

6. Individuelle Dosierungen ermöglichen

Falls möglich, sollte man – wenigstens für solche Übungen, die eine Abstufung des Schwierigkeitsgrades, der Belastungshöhe und des Belastungsumfanges problemlos zulassen – die individuelle Dosierung gestatten und anregen. Dies gilt besonders bei Gruppen mit sehr unterschiedlichem Können und bei älteren Sportlern.

7. Abwechslung in jeder Beziehung

Gemeinsam üben

Partnerübungen und das Üben in Gruppen machen weitaus mehr Spaß und sind viel anregender als Einzelübungen (abgesehen von pädagogischen Aspekten wie Kooperation und Sozialisation, Teamwork, Toleranz usw.)

Handgeräte verwenden

Üben mit Handgeräten ist unterhaltsam, ihr Aufforderungscharakter bringt oft genug – ohne bestimmte Aufgabenstellung – kreatives Handeln, munteres Treiben und eine gute Stimmung. Von allen Handgeräten bietet der Ball – vom Tennisball und Gymnastikball über die verschiedenen Hohlbälle der Sportspiele bis hin zum Medizinball – die wohl breiteste Anwendungspalette. Auch Springseil und Gymnastikstab bieten viele Einsatzmöglichkeiten. Einige ungewöhnliche Handgeräte werden bei den Aufwärmeinheiten vorgestellt: Luftballon und Teppichfliese, Zeitungsbogen und Handtuch; hier macht schon das Ungewohnte und das Ausprobieren großen Spaß. Einige Kombinationen von Geräten sind als Anregung zum Erfinden neuer Varianten angefügt.

Freie Ordnungsformen und selbstgewählte Laufwege

Enge Ordnungsformen, Drill und schematische Laufwege ermöglichen zwar einen sicheren Überblick und die bessere Kontrolle aller Beteiligten und bringen auch Vorteile bezüglich Sicherheit und Belastungssteuerung, sind aber normalerweise eher dazu geeignet, die Teilnehmer zu bremsen als sie zu aktivieren. Den Laufweg selbst zu suchen und Entgegenkommenden auszuweichen, regt dagegen an und motiviert.

Laufen im Wechsel mit Üben an Ort und Stelle.

Bei keinem der Aufwärmvorschläge wird – wie dies häufig geschieht – zunächst ein Laufteil absolviert und dann ein Block mit gymnastischen Übungen an Ort und Stelle angefügt. Vielmehr wird die gesamte Laufbelastung in drei bis fünf kürzere Intervalle mit jeweils steigender Intensität (bzw. Herz-Kreislaufbelastung) aufgeteilt. Zwischen die Laufteile sind gymnastische Übungen an Ort und Stelle eingeschoben. Sie bewirken einmal den mit diesen Übungen beabsichtigten Trainingseffekt, gleichzeitig aber auch eine aktive Erholung des Kreislaufs und der Atmung. Durch diese Pausen ist eine höhere Gesamtbelastung möglich, und außerdem wirkt der Aufwärmteil abwechslungsreicher und flotter.

8. Stretching

Nur wenige Aufwärmeinheiten enthalten Vorschläge für Stretching und eine ausreichende Anzahl von Dehnübungen. Solche Übungen, speziell auf die

Bedürfnisse der Übungsgruppe abgestimmt, sollten deshalb entweder in einem oder in zwei Blöcken in der Mitte der Aufwärmeinheit oder vor der Schlußübung eingebaut werden.

9. Dauer und Intensität des Aufwärmens

Die folgenden Aufwärmeinheiten enthalten nur ganz selten Angaben zur zeitlichen Gestaltung, zur Anzahl der Wiederholungen und zum gesamten Übungsumfang. Manchmal wird man auf die eine oder andere Übung aus Zeitmangel verzichten (in diesem Fall sollten eine oder zwei aufeinanderfolgende Übungen aus dem Mittelteil der Einheit wegfallen).

Bei kurzen Trainingseinheiten und bei Einzelstunden im Schulsport wird man normalerweise höchstens 10 bis 15 Min. Aufwärmzeit ansetzen können, weil sonst für den Hauptteil der Stunde zu wenig Zeit bliebe. Hier kann jedoch eine optimale Gestaltung des Aufwärmteils und eine günstige Belastungsgestaltung zu Beginn des Hauptteils eine beinahe optimale Verfassung herbeiführen.

Generell gilt jedoch: Eine Aufwärmzeit von weniger als 10 Min. bringt keine optimalen Veränderungen, bei etwa 30 Min. wird im allgemeinen die maximale Leistungsbereitschaft erreicht.

Bei kaltem und nassem Wetter sollte man sich länger aufwärmen als bei trockenem und heißem Wetter. Bei Sportarten mit kurzen, maximalen Beanspruchungen ist eine längere Aufwärmzeit angebracht als bei solchen mit Langzeitbelastungen.

Beim Aufwärmen ist eine Belastungsgrenze von etwa 50% der maximalen Leistungsfähigkeit richtig. Eine höhere Intensität könnte den Stoffwechsel beeinträchtigen (Milchsäurespiegel, anaerobe Schwelle, Hormonausschüttung).

Im Training schließt der Hauptteil der Stunde sofort an das Aufwärmen an; beim Wettkampf ist eine Pause von 5–10 Min. zwischen Aufwärmen und Wettkampfbeginn günstig.

10. Medizinisch-Biologisches zum Thema Aufwärmen

Schutz gegen Verletzungen

Zunächst das Wichtigste: Aufwärmen reduziert die Verletzungsgefahr! Bei körperlicher Belastung steigen Körpertemperatur und Muskeltemperatur an. Dadurch erhöhen sich Dehnungs- und Spannungsfähigkeit der Muskeln und die Muskelviskosität (innere Reibung der Muskulatur) nimmt ab. Die Gefahr von Zerrungen und anderen Muskel- und Bänderverletzungen wird also durch richtiges Aufwärmen reduziert.

Erhöhen der Leistungsbereitschaft und Leistungsfähigkeit

Ganz allgemein verbessert das Aufwärmen die Leistungsfähigkeit der Muskulatur und des Herz-Kreislaufsystems. Eine allmähliche Belastungs-

steigerung bis zu submaximalen Werten bewirkt eine Änderung mehrerer Körperfunktionen.
Die Herzfrequenz nimmt zu, und das Schlagvolumen steigt. Blutdruck und Blutzirkulation passen sich der erhöhten Leistung an. Eine schnellere und tiefere Atmung sorgt für vermehrte Sauerstoffaufnahme. Die roten Blutkörperchen geben bei höherer Körpertemperatur den Sauerstoff leichter an das Muskelgewebe ab.
Für das Muskelgewebe bringt die erheblich stärkere Durchblutung nicht nur eine bessere Sauerstoffversorgung. Es erhält außerdem mehr energieliefernde Substrate, und die Stoffwechselschlacken werden schneller entfernt.
Die gesteigerten Verbrennungsvorgänge führen zu höheren Temperaturen im Gesamtorganismus und im Muskelgewebe.
Dazu zwei Anmerkungen: Bei großer Hitze sollte man sich nach Möglichkeit im Schatten aufwärmen, damit die Körpertemperatur nicht zu schnell und zu stark ansteigt.
Sportkleidung soll warmhalten, aber auch einen Luftaustausch gewährleisten. Nur dann kann die Verdunstungskälte beim Schwitzen und der Ausgleich zwischen Hauttemperatur und Außentemperatur eine weitere Erhöhung der Körpertemperatur bremsen.
Das Aufwärmen kann gleichzeitig einen optimalen Erregungszustand und eine optimale Leistungsbereitschaft herbeiführen. Die Wirksamkeit von Reizen wird durch das Aufwärmen erhöht, günstige neuromuskuläre Voraussetzungen bilden sich heraus.
Die Leitfähigkeit der Nerven und ihre Leitgeschwindigkeit sind verbessert.
Die höhere Erregbarkeit der Muskeln ist bedeutsam für die Koordination von Bewegungen und auch für die Qualität von Lernprozessen.
Bei höherer Temperatur werden Muskelenzyme vermehrt aktiviert und Hormone ausgeschüttet, die das Stoffwechselgeschehen beeinflussen.

11. Passives Aufwärmen

Durch passives Aufwärmen wird eine Erhöhung der Körpertemperatur erreicht, jedoch keine gesteigerte Durchblutung der Muskeln und damit auch keine Veränderung ihrer Kontraktionsarbeit.
Äußere Wärmequellen wie heißes Duschen, Sauna und Salben erhöhen die Körpertemperatur, erweitern die Hautgefäße und fördern die Durchblutung. Auch die Beweglichkeit und Dehnbarkeit der Muskeln, Sehnen und Bänder wird erhöht; dies mindert das Verletzungsrisiko. Auch Massagen verbessern die Durchblutung und ermöglichen eine höhere Muskelbelastung. Sie bewirken außerdem eine raschere Erholung nach Belastungsphasen. Das passive Aufwärmen kann jedoch die optimale Durchblutung des Muskels selbst und damit seine Kontraktionsarbeit nicht entscheidend verbessern.

Zeitung 1

Hinweis: Jeder Teilnehmer erhält einen Zeitungsbogen (DIN A 3). Laufen und Kräftigungsübungen an Ort und Stelle im Wechsel.

1. Vorsichtig laufen: Die Bögen gleichmäßig verteilt auslegen. Kurvenlauf um die Zeitungen; weiten Abstand halten, damit kein Bogen wegflattert (Abb. 1).

2. Kurzsichtig: Kniestand vor dem eigenen Bogen. Die Arme beugen und das Gesicht möglichst dicht über dem Papier von links nach rechts bewegen; ebenso von oben nach unten.

3. Schnell genug: Zügig laufen; der Fahrtwind soll das Zeitungsblatt auf der Brust festpressen (Abb. 2).

4. Laut lesen: Bauchlage; mit gestreckten Armen die Zeitung lesen (Abb. 3). Weder die Ellbogen noch der untere Rand der Zeitung dürfen den Boden berühren.

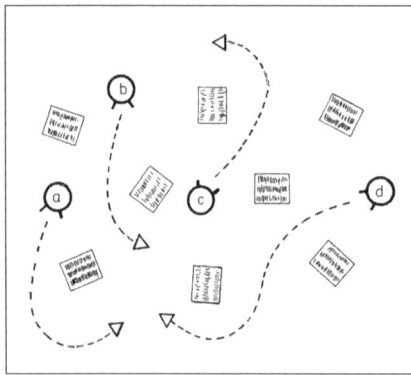

Abb. 1

Abb. 3

Abb. 2

5. Die „Fahne" flattert: Laufen, das Zeitungsblatt mit beiden Händen hochhalten und im Fahrtwind flattern lassen.

6. Hin und her: Im Schwebesitz das Zeitungsblatt über einen Fuß hängen. Den Bogen vorsichtig von einem Fußrist auf den anderen hin und her befördern.

7. Teamwork: Paarweise Rücken an Rücken stehen und die Bögen zwischen den Schultern einpressen. Seitgalopp mit Richtungsänderungen ohne die Zeitungen zu verlieren.

8. Die Stützhand wechseln: Im einarmigen Liegestütz den Bogen über den anderen Unterarm hängen. Fortgesetzt den Stützarm wechseln, der Bogen wird mit dem freien Unterarm in der Luft gehalten.

9. Sprungserien: Sprünge über den Zeitungsbogen: beidbeinig und einbeinig springen, von links nach rechts, vor und zurück, längs, quer und diagonal über den Bogen.

10. Bläserwettstreit: Im Liegestütz oder in der Bauchlage die Zeitung wegblasen (Abb. 4). *„Wer kommt am schnellsten vorwärts?"* Dasselbe als Wettbewerb von einer Seitenlinie zur anderen.

Abb. 4

Zeitung 2

Hinweis: Paare mit einem doppelten Zeitungsbogen. Laufübungen wechseln mit Geschicklichkeitsübungen an Ort und Stelle.

1. **Vorsichtig laufen:** Jeder hält den Zeitungsbogen mit zwei Fingern an einer Ecke fest. Nebeneinander laufen; der Bogen soll spannen, darf aber nicht einreißen.
2. **Schwieriges Fangen:** Den Bogen gemeinsam hochschweben lassen; einer soll ihn auf dem Rücken auffangen (Rumpfbeuge).
3. **„Toro":** Einer hält den weit ausgebreiteten Bogen hoch und wirft ihn im richtigen Augenblick an (in die Luft stellen). Sein Partner läuft dicht an ihm vorbei und soll den Bogen mit der Stirn oder auf der Brust mitnehmen (Abb. 1).
4. **Zurückrollen:** Den Zeitungsbogen mit den Füßen übergeben und übernehmen (Abb. 2).

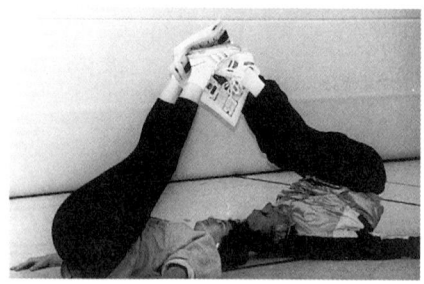

Abb. 2

5. **Sprünge:** Die Zeitung auf dem Boden ausbreiten und mit kurzem Anlauf in allen Richtungen überspringen (Abb. 3); zuerst Schrittsprünge, dann Hopsersprünge (auf dem Absprungbein landen).

Abb. 1

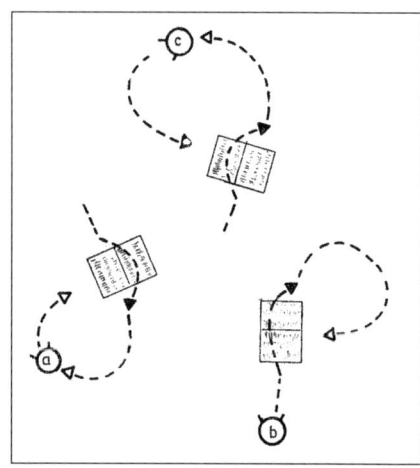

Abb. 3

6. Geometrie: Einer hält den Bogen in unterschiedliche Positionen (z. B. Abb. 4), sein Partner muß die entsprechende Körperhaltung einnehmen.

7. Papierknäuel: Den zusammengeknäuelten Bogen als Fuß- und Handball verwenden: Flachpässe, Kopfstöße, Würfe in allen Varianten, auch im Sprung und in der Bauchlage.

8. Jägerball: Jeder soll mit einem beliebigen Papierknäuel andere Mitspieler abwerfen.

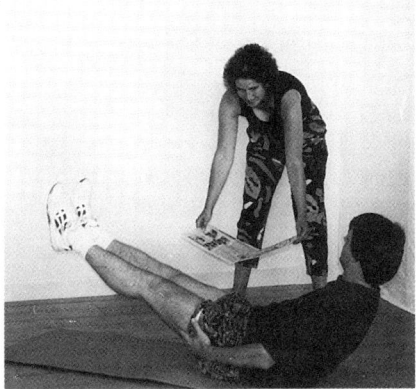

Abb. 4

9. Zielwürfe: Ein Papierkorb (umgedrehter Kleinkasten oder Kasteneinsatz) steht mitten im Basketballkreis. Alle sollen von der Linie aus ihren Papierknäuel ins Ziel werfen. Es wird so lange geworfen, bis alle Knäuel im Papierkorb liegen.

Plastiktüte 3

Hinweis: Jeder Teilnehmer hat eine Plastiktüte. Abwechselnd laufen (1, 3 usw.) und Geschicklichkeitsübungen an Ort und Stelle (2, 4 usw.).

1. Windsack: Lockerer Lauf kreuz und quer, die Tüte mit beiden Händen so hochhalten, daß der Fahrtwind sie aufbläht (Abb. 1). Auf Zuruf abstoppen und in die Gegenrichtung weiterlaufen.

Abb. 1

2. Ganz leise: Die Tüte wie einen Ball mit den Füßen hochspielen und in der Luft halten.

3. Rückwärts: Wie Übung 1 (Windsack), jetzt aber vorsichtig rückwärts laufen. Auf Zuruf schleudern alle die eigene Tüte senkrecht hoch und versuchen, eine andere aufzufangen.

4. Nackenbrücke: Rückenlage; die Tüte unter dem Körper durchschieben und über die Hochhalte zurückschwingen. Mehrmals, auch in der Gegenrichtung.

5. Enge Kreise: Die Tüte glatt auf dem Boden ausbreiten und eng um möglichst viele Tüten herumlaufen ohne daß diese hochflattern. Auf Zuruf schnell zur eigenen Tüte zurück.

6. Sprungserien: Schlußsprünge quer und längs über die Tüte. Dann ebenso auf einem Fuß und zuletzt in selbstgewählten Sprungvarianten.

7. Spurten: Der Fahrtwind muß die Tüte auf der Brust festpressen; lediglich bei Richtungsänderungen darf man eine Hand zur Hilfe nehmen.

8. Nur mit den Füßen: Eine Fußspitze in die Tütenöffnung stecken und die Tüte hochschleudern (Abb. 2). Schnell das Standbein wechseln und mit dem anderen Fuß die Tüte auffangen.

Abb. 2

9. Nicht loslassen: Die Tüte an diagonalen Enden fassen und wie ein Seil spannen. Vorwärts und rückwärts über die Tüte steigen. *„Wer schafft Schlußsprünge vor und zurück?"*

10. Hüpfstaffel: Mehrere Vierermannschaften nebeneinander; auf einem Bein um eine Wendemarke hüpfen (Abb. 3). Die Tüte wird mit dem anderen Fuß transportiert; auch bei der Übergabe an den nächsten der Gruppe dürfen die Hände nicht zur Hilfe genommen werden.

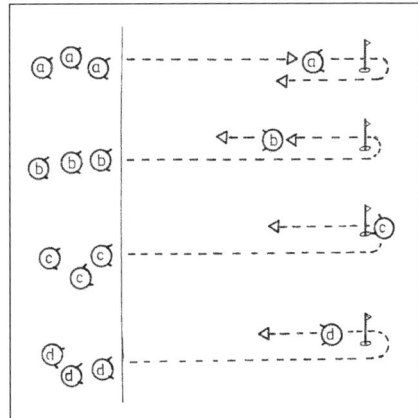

Abb. 3

Handtuch 4

Hinweis: Jeder Teilnehmer hat ein Handtuch. Übungen im Lauf wechseln mit solchen an Ort und Stelle.

1. Das Tuch weht: Beliebig laufen, das Handtuch hochhalten und über dem Kopf schwingen. Bei Kurven soll es in Schulterhöhe links bzw. rechts neben dem Körper wehen.

4. Brücke: Liegestütz vorlings über dem Tuch; die Arme beugen und den Bauch soweit durchhängen lassen, daß er das Handtuch berührt. Dann die Arme strecken und das Gesäß so weit wie möglich hochdrücken (Abb. 1a). In einem zweiten Durchgang ebenso im Liegestütz rücklings (Abb. 1b).

Abb. 1

2. Unterarme: Das Handtuch über einen Unterarm hängen, hochschleudern und auf dem anderen Unterarm auffangen.

3. Achterschwünge: Große Kurven laufen. Das Handtuch mit einer Hand an einem Zipfel fassen und neben dem Körper in einem großen Kreis schwingen. Nach drei Kreisschwüngen die Hand wechseln und auf der anderen Seite weiterschwingen. *„Wer kann – ohne den Laufrhythmus zu ändern – nach jedem Kreisschwung wechseln?"*

5. Umsteigesprünge: Über die Schmalseite des Handtuchs springen. Bei jedem Sprung das Innenbein über dem Handtuch hochhalten.

6. Werfen: Das Handtuch zusammenknüllen, im Lauf weit vorauswerfen und gleich wieder auffangen. Weiterlaufen, erneut einen Ball formen und wieder werfen.

7. Auf und ab: Rückenlage, das zusammengeknäuelte Handtuch mit beiden Händen über dem Kopf hochhalten. Die gebeugten Beine hochheben, das Handtuch zwischen den Fußspitzen festklemmen und die Beine langsam senken. Dann Rumpfbeuge vorwärts, das Handtuch wieder mit den Händen übernehmen und erneut Rückenlage usw.

8. Jonglieren: Das Handtuch über einen Fußrist hängen und hochschleudern (Abb. 2); rasch umspringen und mit dem anderen Fuß auffangen.

9. Fangen: Abb. 3; alle stecken das Tuch mit einem Zipfel hinten in den Hosenbund. Jeder soll versuchen, bei möglichst vielen anderen Teilnehmern das Handtuch zu berühren (oder herauszuziehen).

Abb. 2

Abb. 3

Tennisball 5

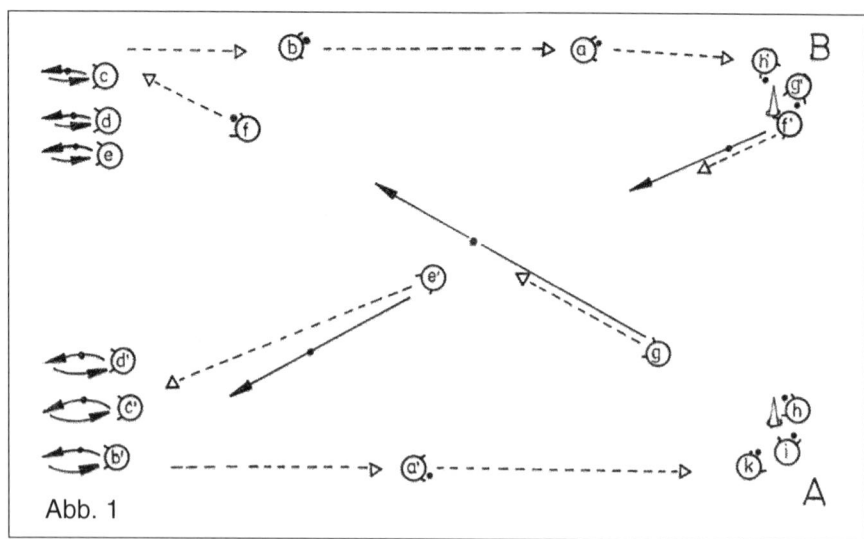
Abb. 1

Hinweis: Jeder hat einen Tennisball. Aufstellung und Wege gemäß Abb. 1; etwa gleich viele Teilnehmer beginnen bei A (a bis k) und B (a' bis h'). Diagonal zur Gegenecke laufen (einfädeln), dort eine Übung absolvieren und „longline" zur anderen Startecke zurücklaufen.

1. Rollen + Werfen: Den Ball rollen und hinterherlaufen. Im Gegenfeld den Ball aufnehmen und sechsmal an die Wand werfen.

2. Flache Hand: Den Ball mit der flachen Hand prellen (Abb. 2); anfangs beliebig, dann abwechselnd rechts und links.
Den Ball anwerfen, mit der flachen Hand an die Wand schlagen und mit einer Hand auffangen. Den Abstand von der Wand und die Höhe variieren. „Wer kann mehrmals schlagen und dann erst auffangen?"

Abb. 2

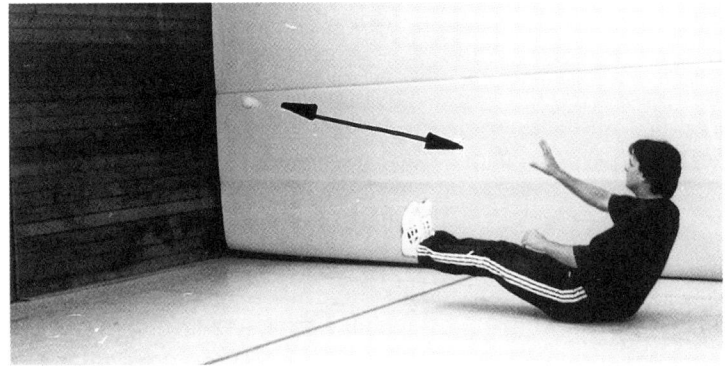
Abb. 3

3. Nur eine Hand: Schnell gehen, bei jedem zweiten Schritt den Ball mit der einen Hand auf den Boden werfen und mit der anderen auffangen. Bodenpässe an die Wand; zunächst mit der geschickteren Hand, dann mit der anderen.

4. Mit der Sohle + Schwebesitz: Auf dem linken Bein hüpfen und mit der rechten Fußsohle den Ball vorwärtsrollen. Am Kreuzungspunkt das Bein wechseln.
Schwebesitz etwa 3 m vor der Wand; achtmal mit einer Hand werfen und fangen ohne die Füße aufzusetzen (Abb. 3). Danach ebenso mit der anderen Hand.

5. Ausdauer: Ohne Unterbrechung mit knappem Abstand zum Vordermann den üblichen Weg laufen, dabei den Ball nach vorn werfen und gleich wieder fangen; an der Wand einmal werfen, fangen und sofort umkehren.

6. Bälle weg: Gleich viele Teilnehmer beginnen in jeder Hallenhälfte; auf Zuruf spielt jeder seinen Ball mit dem Fuß ins Gegenfeld und befördert dann möglichst schnell die anrollenden Bälle ebenso zurück. Niemand darf werfen oder die Mittellinie überschreiten. Bei „Halt!" stellen alle sofort jegliche Tätigkeit ein („versteinert" stehen) und es wird festgestellt, in welcher Spielfeldhälfte mehr Bälle liegen.

Tennisball 6

Hinweis: Jeder Teilnehmer hat zwei Tennisbälle. Laufen mit allmählich steigender Belastung wechselt mit Geschicklichkeitsaufgaben.

1. Bälle suchen: Beliebig laufen und in jeder Hand einen Ball kneten, die Arme dabei abwechselnd zur Hochhalte, dann in die Seithalte anheben. Auf Zuruf läßt jeder seine Bälle fallen, sucht sich zwei andere und läuft weiter.

2. Rechts werfen, links fangen: Mit der rechten Hand einen Ball senkrecht hochwerfen, schnell den zweiten Ball von links nach rechts wechseln und mit der linken Hand fangen. Die Frequenz steigern und immer wieder verändern; z. B. zwei hohe Würfe und dann vier ganz niedrige.

3. Mit Aufprellen: Kurven laufen und bei jedem dritten Schritt einen Ball auf den Boden werfen und sofort wieder auffangen. Nur rechts werfen und links fangen (siehe 2), oder jeder Ball bleibt in der gleichen Hand.

4. Beide Bälle fliegen: Beide Bälle gleichzeitig hochwerfen und mit jeder Hand einen Ball auffangen (Abb. 1). Jeder versucht, jedesmal die Wurfhöhe zu ändern oder einen Ball niedrig und den anderen hoch anzuwerfen. *„Wer kann „überkreuz" werfen?"* oder *„Wer kann mit gekreuzten Armen auffangen?"*

5. Quer laufen: Fortgesetzt von einer Längswand zur anderen laufen (bei kleinen Gruppen von einer Stirnwand zur anderen). Einen Ball immer an die eine Wand werfen, den zweiten an die andere.

6. Bauchlage: In der Bauchlage rechts werfen und links fangen (siehe Übung 2). Mehrere Serien mit jeweils zehn Würfen. *„Wer schafft dasselbe in der Gegenrichtung?"*

7. Balltausch: Alle starten gleichzeitig; Pendellauf von einer Seitenlinie zur anderen. Dort beide Bälle ablegen, beim zweiten Lauf diese wieder abholen usw.; *„Wer hat zuerst 10 Läufe?"*

Abb. 1

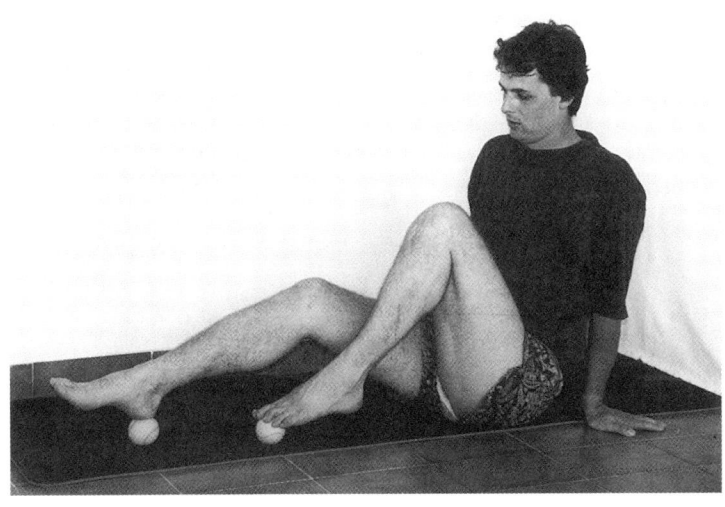

Abb. 2

8. Mit der Sohle: Im Hocksitz mit jeder Fußsohle einen Ball vor- und zurückrollen (Abb. 2). *„Wer schafft die Übung mit den Armen in Seithalte?"*

9. Mit Partner: Jeder sucht sich einen Partner. Beide stehen nahe beisammen, werfen gleichzeitig die eigenen Bälle senkrecht hoch und sollen die beiden Bälle des Partners auffangen (Abb. 3). *„Welchem Paar gelingen vier Wechsel ohne Fangfehler?"*

Abb. 3

Luftballon 7

Hinweis: Jeder zweite Teilnehmer hat einen Luftballon oder Zeitlupenball (Badeball). Laufen in immer höherem Tempo abwechselnd mit Geschicklichkeitsübungen zur aktiven Erholung.

1. Nach vorn schlagen: Nebeneinander laufen und den Ballon mit einer Hand vorwärtsstoßen (Abb. 1). Wechsel nach jeder zweiten (nach jeder) Berührung.

2. Steil hoch: Beide nebeneinander in Rückenlage. Den Ballon senkrecht hochstoßen; erlaubt sind Füße und Hände (Abb. 2).

3. Nur Kopfball: Wieder nebeneinander laufen und den Ballon abwechselnd vorwärts stoßen; diesmal sind nur Kopfstöße erlaubt.

Abb. 1

Abb. 2

Abb. 3

4. Pritschen: Bauchlage gegenüber in 1 m Abstand; den Ballon mit beiden Händen hin- und herstoßen (Abb. 3). *„Welches Paar kann zehnmal pritschen?"*

5. Schlagen und laufen: Abwechselnd den Ballon mit einer Hand senkrecht hochschlagen. Jeder muß nach der Berührung zu einer Markierung (z. B. zu einer Längswand) laufen und zum nächsten Schlag zurück sein, ehe der Ballon den Boden berührt.

6. Nicht absitzen: Nebeneinander im Liegestütz rücklings; den Ballon mit Füßen und Händen (evtl. abwechselnd) in der Luft halten.

7. Mit Raumgewinn: In etwa 3 m Abstand gegenüberstehen. Einer schlägt den Ballon zunächst senkrecht hoch und dann im Sprung möglichst weit in die Richtung des Partners. Der andere befördert ihn ebenso in die Gegenrichtung. Jeder ist bemüht, den anderen zurückzudrängen.

8. Schnell unter den Ball rutschen: Einer sitzt und spielt den Ballon mit beiden Händen hoch, der andere steht dicht vor ihm und lenkt den Ballon so zurück, daß ihn der Partner nur mit Mühe erreichen und erneut hochspielen kann.

9. Nur mit den Händen: Vierergruppen mit zwei Ballons; der erste wirft beide Ballons nebeneinander so hoch, daß sie der nächste auffangen und ebenso hochwerfen kann, dann der dritte und vierte. *„Welcher Gruppe gelingen drei Durchgänge ohne Fehler?"*

Luftballon 8

Hinweis: Jeder Teilnehmer hat einen Luftballon, Zeitlupenball (Badeball) oder Weichball.

1. Volley: Den Ballon jonglieren. Man darf Hände, Kopf (Abb. 1), Arme, Oberschenkel, Brust, Füße und Schultern benützen (oder nur drei bestimmte Körperteile); die Berührungen können beliebig aufeinanderfolgen oder die Reihenfolge ist festgelegt.

2. Nur mit den Füßen: Strecksitz, den Ballon zwischen den Füßen festklemmen, senkrecht hochwerfen und vorsichtig mit den Füßen wieder auffangen.

3. Mit Raumgewinn: Wieder jonglieren, aber diesmal im Gehen und abwechselnd mit zwei bestimmten Körperteilen: z.B. rechter Arm und Stirn oder Oberschenkel und Füße.

Abb. 1

4. Schnell zurück: Den Ballon senkrecht hochschlagen, schnell zu einer Markierung laufen (berühren), sofort kehrtmachen und den Ballon auffangen, ehe er den Boden berührt. *„Wer schafft die längste Laufstrecke?"*

5. Im Grätschsitz: Wieder jonglieren, diesmal im Sitzen. Jeder soll eine bestimmte Reihenfolge von Berührungen „erfinden", z.B. dreimal Arme, dann einmal Kopf und Fuß und wieder Arme.

6. Im Sprung: Den Ballon hochwerfen und dann durch Kopfstöße im Sprung dauernd über Reichhöhe halten.

7. Kürübung: Den Ball senkrecht hochspielen, eine Folgehandlung ausführen (z.B. ganze Drehung oder mit beiden Händen den Boden berühren oder Bauchlage...) und sofort weiterspielen.

Abb. 2

8. Ohne Pause: Bauchlage, den Ball von einer Hand zur anderen spielen; die Arme dürfen den Boden nicht berühren (Abb. 2).

9. Schnelle Drehung: Im Grätschstand den Ballon durch die Beine hinten hochwerfen oder hochschlagen, sich schnell umdrehen und fangen. *„Wer kann den Ballon hinter dem Rücken auffangen?"*

10. Teamwork: Paarweise gehen, einen Ballon zwischen den Köpfen (den Schultern) festklemmen, mit dem anderen Ballon gemeinsam Fußballdribbling (Abb. 3). Dasselbe als Wettbewerb.

Abb. 3

Teppichfliese 9

Hinweis: Jeder zweite Teilnehmer hat eine Teppichfliese. Im Wechsel laufen und Partnerübungen mit der Fliese. Bei glattem Hallenboden: Vorsicht Rutschgefahr!

1. Gemeinsam Slalom: Die Fliesen gleichmäßig verteilt auslegen. Zügiger Slalomlauf nebeneinander um die Fliesen. Auf Zuruf besetzt jedes Paar irgendeine Fliese.

2. Pirouette: Gegenüberstehen, den rechten Fuß auf die Fliese stellen und mit dem rechten Arm beim Partner einhaken. Mit dem linken Fuß abstoßen und auf der Fliese im Kreis rollern. Dann ebenso mit dem anderen Fuß. *„Welches Paar schafft mit einem Abstoß eine ganze Drehung (oder mehr)?"*

3. Wechselhüpfen: Nebeneinander Hopserlauf; an jeder dritten Fliese anhalten und sechs Wechselhüpfer an Ort und Stelle (mit der Fußspitze die Fliese antippen).

4. Zwei Uhrzeiger: Liegestütz mit den Fußspitzen auf der Fliese. Auf den Händen mit kleinen „Schrittchen" nach rechts einen Kreis um die Fliese laufen; dann ebenso in der Gegenrichtung.

5. Schubkarre: Einer sitzt mit gegrätschten Beinen auf der Fliese, die Arme in Seithalte. Der andere faßt die Füße und schiebt ihn wie eine Schubkarre etwa 5 m weit vorwärts. Dann zieht er den Partner rückwärtsgehend auf den Startplatz zurück. Danach Wechsel.

6. Vor und zurück: Liegestütz rücklings gegenüber mit leicht gebeugten Knien, beide Füße auf der Fliese. Einer zieht die Fliese mit den Sohlen unter die Knie, der andere streckt die Beine (Abb. 1); dann umgekehrt und immer schneller werden.

Abb. 1

7. Tretroller: Nebeneinanderstehen, den inneren Fuß auf die Fliese. Mit dem anderen Fuß gleichzeitig abstoßen und vorwärts „rollern" (Abb. 2).

8. Abstützen: Einer im Liegestütz mit beiden Händen auf der Fliese. Der andere hebt ihn an den Knien hoch und schiebt in vorwärts. Der Untermann muß sich schräg vorwärts abstützen, damit die Rutschpartie gelingt.

9. Wagenrennen: Alle Paare beginnen auf einer Seitenlinie. Einer schleppt seinen Partner zur anderen Seitenlinie (Abb. 3); dort Wechsel und schnell auf den Startplatz zurück. *„Welches Paar ist am schnellsten?"*

Abb. 2

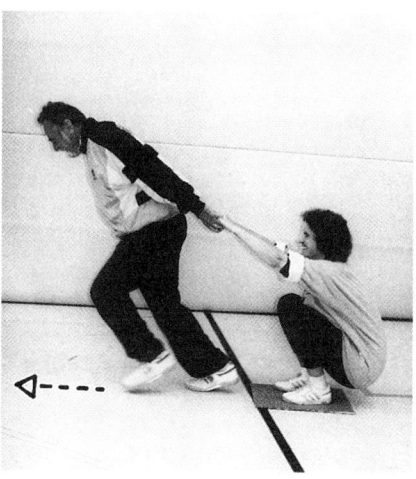

Abb. 3

Teppichfliese 10

Hinweis: Jeder Teilnehmer hat eine Teppichfliese. Laufen (1, 3 usw.) wechselt mit Übungen an Ort und Stelle (2, 4 usw.). Der Lauf wird in unregelmäßigen Abständen durch einen Zuruf beendet, bei dem jeder sofort irgendeine Fliese besetzen muß. Wer zuletzt seinen Platz findet, erhält einen Strafpunkt (oder muß eine kurze Konditionsübung absolvieren). Danach laufen alle weiter oder es folgt eine Übung mit der Fliese.

1. Platzsuchen: Die Fliesen gleichmäßig verteilt auslegen. Beliebig, jedoch zügig vorwärtslaufen. Auf Zuruf schnell eine freie Fliese besetzen (einen Fuß daraufstellen).

2. Boden putzen: Im Kniestand die Fliese (Flor unten) mit beiden Händen möglichst weit vorschieben und wieder zurückziehen.

3. Berühren: Lauf von einer Fliese zur nächsten, jede wird „angetippt". Die Berührung erfolgt zunächst mit dem Fuß, dann mit beiden Händen und schließlich mit der Stirn.

4. Rutschen: Im Sitz auf der Fliese mit Händen und Füßen abstemmen und rückwärtsrutschen. Dann sich vorwärts auf den Startplatz zurückziehen. „Wer schafft die gleiche Strecke ohne Hände?"

5. Überspringen: Kurvenlauf, dabei über möglichst viele Fliesen springen.

6. Ohne Bodenkontakt: Mit beiden Füßen fest auf der Fliese stehen und diese durch ruckartige Arm- und Körperbewegungen im Uhrzeigersinn drehen; dann ebenso in die andere Richtung.

7. Einspringen: Laufen und immer wieder mit beiden Füßen auf eine Fliese springen. Zunächst vorsichtig springen und weich landen. Dann flacher einspringen und bei der Landung mit der Fliese vorwärtsrutschen (Abb. 1).

Abb. 1

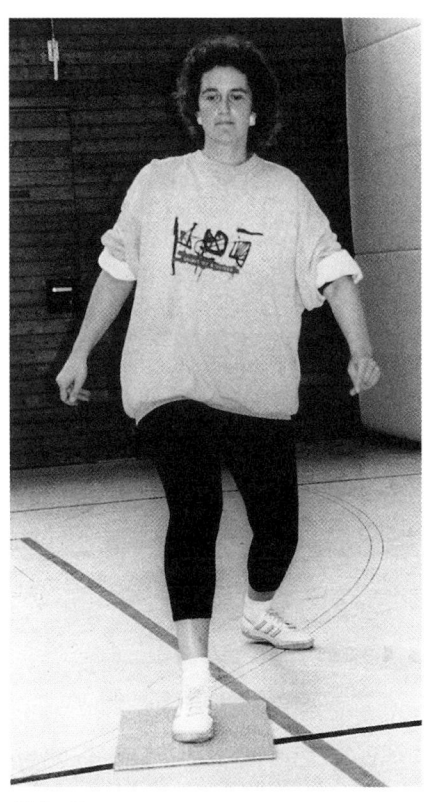

8. Tretroller: Ein Fuß steht fest auf der Fliese, mit dem anderen anschieben und vorwärts „rollern" (Abb. 2).

9. Knieschub: Alle Fliesen liegen auf einer Seitenlinie. Mit beiden Füßen fest auf der Fliese stehen. In leichter Kniebeuge entlasten und die Füße ruckartig vorwärtsschieben (Abb. 3). *„Wer erreicht zuerst die andere Seitenlinie?"* Wer die Fliese verläßt, muß zwei Schritte zurückgehen.

Abb. 2

Abb. 3

Gymnastikstab 11

Hinweis: Jeder Teilnehmer hat einen Gymnastikstab. Der Stab wird im Gehen und Laufen balanciert (1, 4, 7); auf jeden Laufteil folgen je zwei Stabübungen an Ort und Stelle (2+3, 5+6).

1. Balancieren: Alle gehen „kreuz und quer" und balancieren den senkrecht stehenden Stab auf der Handfläche. *„Wer kann auf einem Finger balancieren?"*

2. Rumpf drehen und beugen: Abb. 1; Rumpf seitbeugen (a) und drehen (b); in den Extrempositionen 10 Sek. verharren.

3. Durchwinden: Den Stab senkrecht aufstellen, mit der flachen Hand festhalten und, ohne loszulassen oder den Stab umzuwerfen, unter dem Arm durchwinden.

4. Balancieren erschwert: Wieder den Stab balancieren und beliebig laufen. Auf Zuruf hinsetzen, dann weiterlaufen; ebenso, aber Kniestand, Rückenlage (Abb. 2) und Bauchlage.

Abb. 2

5. Rumpfbeugen: Abb. 3; weite Rumpfbeuge, einmal mit Stab, dann ohne; breit fassen und weit vor den Füßen ablegen.

Abb. 1

Abb. 3

6. Hochwerfen: Erneut den Stab im Lauf auf der flachen Hand balancieren; ihn immer wieder niedrig anwerfen, auf der flachen Hand auffangen und sofort weiterbalancieren. Immer höher werfen und schließlich von einer Hand auf die andere.

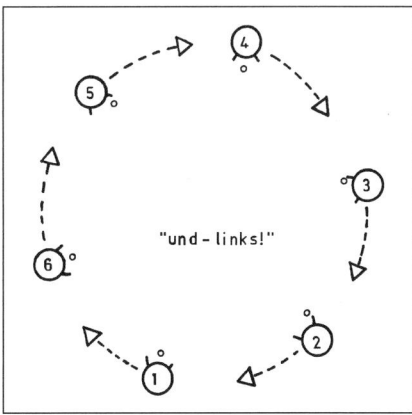

Abb. 4

7. Der Stab rollt: Schwebesitz, der Stab liegt quer auf den Unterschenkeln. Beine heben und senken, damit der Stab zwischen Fußspitzen und Knien vor- und zurückrollt.

8. Platzwechsel synchron: 6–8 Teilnehmer stehen im Kreis; alle halten den senkrechtstehenden Stab mit einer flachen Hand fest (Abb. 4). Auf Zuruf verlassen alle den eigenen Stab und übernehmen den des Nachbarn. Zunächst mit Auftaktkommando „*und* – *links!*", immer nach links und einer Pause nach jedem Wechsel. Dann immer schneller und ab und zu auch nach rechts. „*Bei welcher Gruppe fällt kein Stab um?*"

Gymnastikstab 12

Hinweis: Jeder Teilnehmer hat einen Stab. Laufen wechselt mit Stabübungen an Ort und Stelle.

1. Laufrichtung anzeigen: Mit beiden Händen ein Stabende umfassen und den Stab wie einen Rüssel vorstrecken. Mit vielen Richtungsänderungen laufen; der Stab gibt immer die Laufrichtung an.

2. Schultern: Abb. 1; aufrichten und den Stab weit nach unten schieben; dann Rumpfbeuge und die Arme in der Extremposition 15 Sek. hochhalten.

3. Stechschritt: Gehen mit dem Stab in Vorhalte. Jeweils einige schnelle Schritte mit Knieheben, dann abwechselnd die linke und rechte Fußspitze an den Stab hochschwingen (Abb. 2).

4. Auf dem Rist: Im Schwebesitz die Beine leicht grätschen und den Stab quer auf den Füßen balancieren. *„Wer kann den Stab hochwerfen und wieder auf dem Fußrist auffangen?"*

5. Tiefe Hocke: Den Stab senkrechtstellen und mit einer Hand festhalten. In der Hocke mit kleinen Schrittchen um den Stab herumgehen; drei Runden in beiden Richtungen.

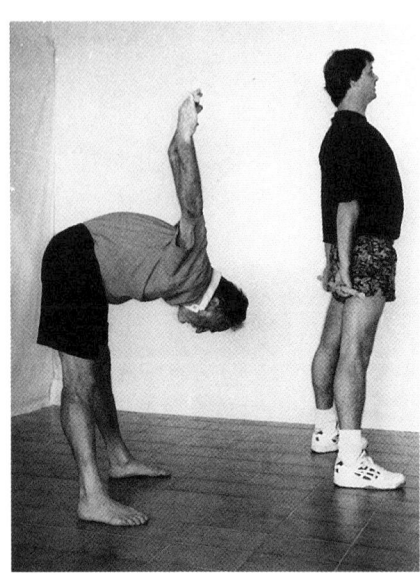

Abb. 1

Abb. 2

6. Knie strecken: Im Hocksitz den Stab in der Vorhalte schulterbreit fassen. Die Sohlen gegen den Stab stemmen und die Beine strecken. *„Wer kann die Knie ganz durchstrecken?"*

7. Nach vorn werfen: Im Lauf den Stab mit beiden Händen waagerecht vor der Brust halten, schräg nach vorn hochwerfen und gleich wieder auffangen. *„Wer kann in einem gleichbleibenden Rhythmus laufen, werfen und fangen?"*

8. Gestreckter Rumpf: Den Stab hinter dem Rücken senkrechtstellen und mit beiden Händen umfassen. Kniebeugen mit senkrechtem Oberkörper, die Hände gleiten am Stab entlang nach unten und wieder hoch.

9. Raumgewinn: Hocksitz mit beiden Sohlen auf dem Stab. Mit den Händen immer weiter vom Stab wegstützeln, bis der Liegestütz rücklings erreicht ist; dann den Stab mit den Sohlen bis unter das Gesäß nachrollen (Abb. 3). *„Wer erzielt mit fünf Versuchen den größten Raumgewinn?"*

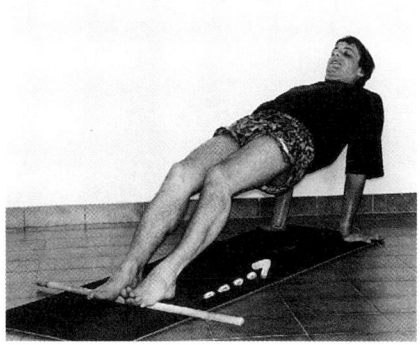

Abb. 3

Gymnastikstab 13

Hinweis: Jeder Teilnehmer hat einen Stab. Laufen und Haltungsschulung im Wechsel.

1. Kurvenlauf: Die Stäbe gleichmäßig verteilt auslegen. Alle laufen weite Kurven um alle Stäbe ohne dabei andere zu stören (Abb. 1). Auf Zuruf schnell zum eigenen Stab zurücklaufen.

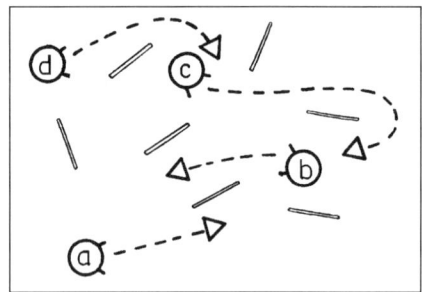

Abb. 1

2. Um den Körper: Abb. 2; in der Nackenbrücke den Stab unten von links nach rechts durchschieben (a), dann in der Rückenlage oben zurück (b). Mehrmals wiederholen, dann ebenso in der Gegenrichtung.

3. Überspringen: Zügig laufen und Schrittsprung über jeden Stab; die Stäbe zuerst quer, dann in Längsrichtung überspringen.

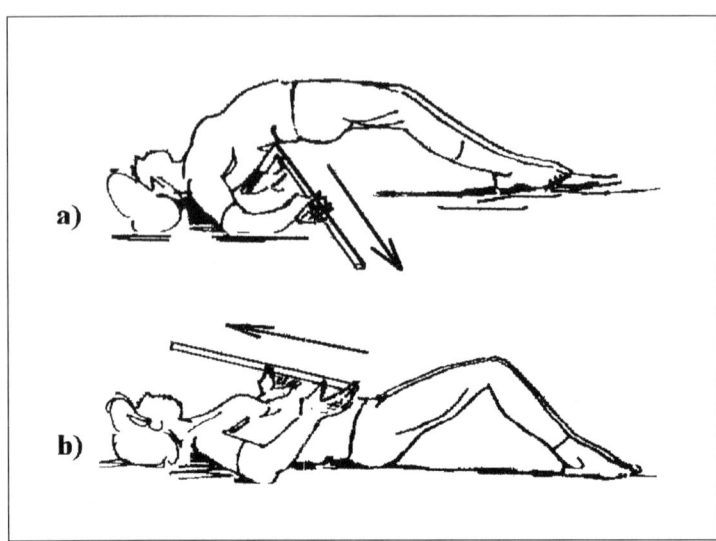

Abb. 2

4. Atemübung: Mit großen Schritten gehen, den Stab in die Hochhalte heben und einatmen. Dann ausatmen und den Stab nach vorn zum Oberschenkel senken. Jeweils vier Schritte für die Hochbewegung und sechs zum Tiefgehen.

5. Hopsersprünge: Die Stäbe quer oder längs überspringen; auf dem Absprungbein landen und sofort weiterlaufen.

6. Sit-up: Aus der Rückenlage aufrichten und den Stab über die gebeugten Knie bis über den Fußrist nach vorn heben.

7. Sprünge: Eine Minute lang (oder länger) beliebige Sprünge quer über den liegenden Stab.

8. Am Stab ziehen: Abb. 3; weiter Grätschstand, den Oberkörper möglichst nahe an den Stab heranziehen. Dann Zehenstand mit dem Stab in Hochhalte.

9. Schwierige Aufgabe: Den Stab senkrechtstellen und mit einer Hand festhalten. Zwischen Arm und Stab durchwinden, ohne den Stab loszulassen oder vom Boden abzuheben (Abb. 4).

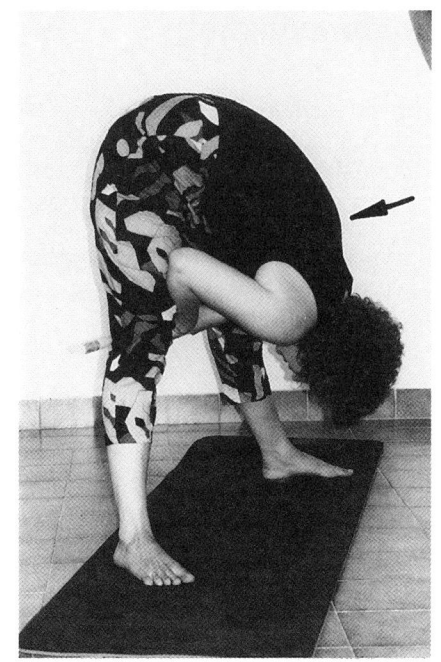

Abb. 3

Abb. 4

Gymnastikstab 14

Hinweis: Jeder hat einen Stab. Die Stäbe gleichmäßig auf der ganzen Übungsfläche verteilt auslegen. Laufen um die Stäbe und darüber. Auf Zuruf setzt sich jeder neben irgendeinen Stab, und alle führen eine Stabübung an Ort und Stelle aus.

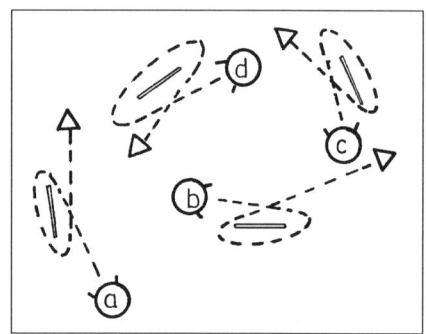

Abb. 1

1. Slalomlauf: Beliebig um möglichst viele Stäbe laufen (Abb. 1); den anderen Teilnehmern rechtzeitig ausweichen.

2. Hockwenden: Abb. 2; mit kleinen „Ausschlägen" beginnen, dann immer höher schwingen und weit neben dem Stab aufsetzen.

3. Schnell bücken: „Kreuz und quer" laufen und möglichst viele Stabenden mit der flachen Hand berühren.

4. Der Stab rollt: Abb. 3; zuerst nur auf den Unterschenkeln vor und zurück, dann von den Fußspitzen bis zur Hüftbeuge.

Abb. 2

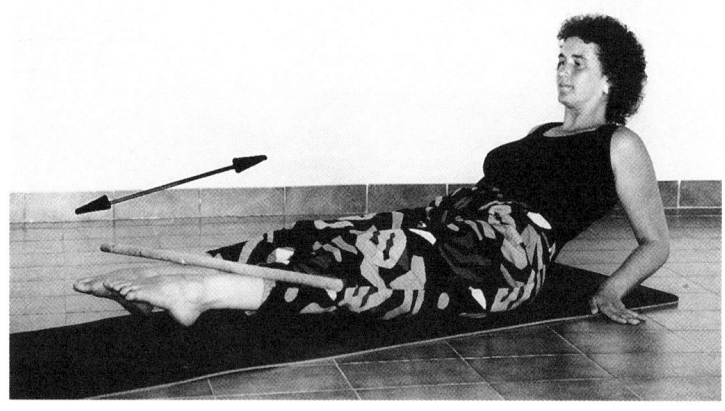

Abb. 3

5. Sprünge: Zügig laufen und dabei möglichst viele Stäbe quer oder längs überspringen.

6. Stab versetzen: In der Bauchlage den Stab vor dem Kopf senkrecht stellen und in bequemer Höhe mit beiden Händen festhalten. Dann Oberkörper und Stab anheben und zur Seite schwenken; dort den Stab vorsichtig aufsetzen. Immer weitere Ausschläge nach rechts und nach links.

7. Umsteigesprünge: Beliebig laufen, an jedem vierten Stab anhalten und acht Umsteigesprünge quer über den Stab ausführen.

8. Einarmiger Stütz: Abb. 4; mit geschlossenen Füßen vor- und zurückspringen; nach jeweils sechs Sprüngen den Stützarm wechseln.

9. Abschlußstaffel: Vierergruppen einteilen und diese nebeneinander hinter einer Linie aufstellen. Der erste jeder Gruppe hat zwei Stäbe und muß einen dritten Stab über eine Ziellinie und wieder zurück zur Startlinie rollen Er darf diesen dritten Stab nur mit den beiden Führungsstäben berühren und dirigieren. Dann ebenso der zweite der Gruppe usw. *„Welche Mannschaft ist zuerst fertig?"*

Abb. 4

Gymnastikstab 15

Hinweis: Jeder hat einen Stab; jeweils acht Teilnehmer legen ihre Stäbe strahlenförmig im Kreis aus (Abb. 1). Im Kreis laufen (1, 3, 5) wird durch Dehnungsübungen und zwei Sprungserien unterbrochen.

1. Im Kreis: Im Uhrzeigersinn um die Stäbe traben; auf Zuruf die Laufrichtung ändern und bis zum „eigenen" Stab weiterlaufen.

2. Grätschsitz: Abb. 2; abwechselnd Rumpf seitbeugen und Rumpf drehen. In den Umkehrpositionen einige Sekunden dehnen.

3. Parallelverschiebung: Im Kreis laufen, dicht vor irgendeinem Stab abstoppen und sich mit seitlichen Nachstellschritten in Richtung Kreismitte bewegen, innen weiterlaufen und vor dem nächsten Stab wieder „Parallelverschiebung" auf die Außenbahn.

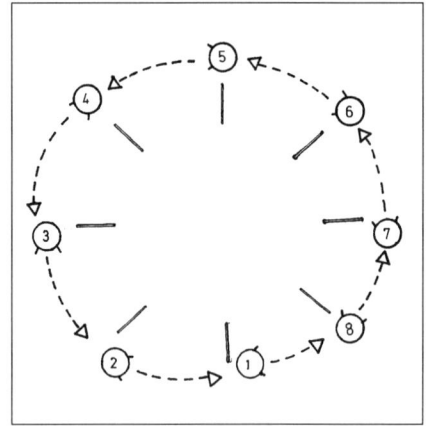

Abb. 1

4. Hocksitz: Aus dem Hocksitz (Stab in Hochhalte) langsam in die Rückenlage senken (Stab berührt den Boden); dann wieder zum Sitz aufrichten und mit dem Stab die Fußspitzen berühren.

Abb. 2

5. Durch die Mitte: Alle Hopserlauf im Uhrzeigersinn um die Stäbe. Jeder kann plötzlich durch eine beliebige Gasse zwischen zwei Stäben in den Innenraum laufen, diesen sofort auf der Gegenseite wieder verlassen und dort den Hopserlauf fortsetzen.

6. Erste Sprungserie: Schlußsprünge seitlich über den Stab.

7. Schnell drehen: Abb. 3; schnelle Drehung und zufassen, ehe der Stab umfällt; mehrmals in beiden Drehrichtungen.

8. Zweite Sprungserie: Umsteigesprünge.

Abb. 3

9. Gleichzeitig Platzwechsel: Einen Partner suchen und gemäß Abb. 4 gleichzeitig starten. Die Stäbe dürfen nicht umfallen; den Abstand allmählich vergrößern.

Abb. 4

Gymnastikstab

Hinweis: Paare mit einem Stab; abwechselnd laufen (1, 3 usw.) und Dehnungsübungen an Ort und Stelle (2, 4 usw.).

1. Tandem: Jeder faßt mit einer Hand ein Stabende; Kurvenlaufen hintereinander und den anderen Paaren ausweichen; auf Zuruf übernimmt der Hintere die Führung.

2. Durchwinden: Abb. 1; ohne loszulassen gleichzeitig unter dem Stab durchdrehen; mehrmals in beiden Richtungen.

Abb. 2

5. Abschleppen: Jeder umfaßt ein Stabende mit beiden Händen. Einer legt sich – ohne loszulassen – auf den Bauch und wird vom anderen abgeschleppt. Wechsel, dann ebenso in der Rückenlage.

6. Sprungserie quer: Beide Hände des Partners fassen und gemeinsam über den Stab springen. Neben dem Stab auf der gleichen Seite beginnen (Abb. 3).

Abb. 1

3. Seitgalopp: Abb. 2; Richtungswechsel beliebig oder nach jeweils sechs Galoppsprüngen.

4. Steigen: Jeder faßt ein Stabende mit beiden Händen. Beide steigen gleichzeitig nebeneinander vorwärts über den Stab und gleich wieder zurück.

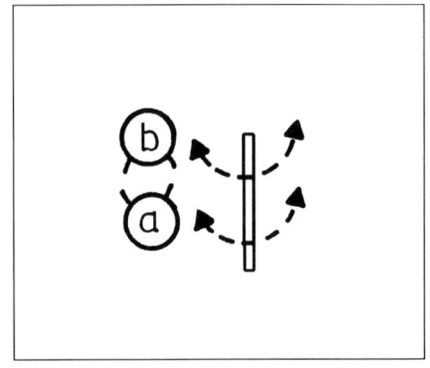

Abb. 3

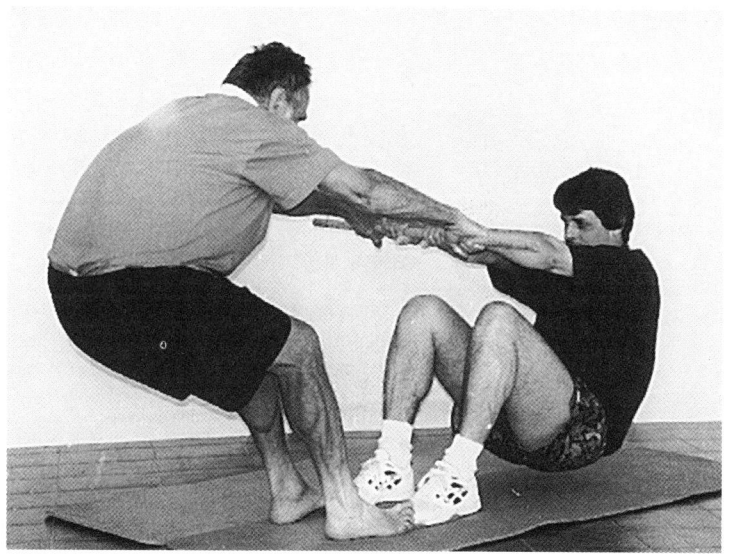

Abb. 4

7. Zugschaukel: Hocksitz gegenüber, beide fassen den Stab eng. Einer beugt sich zurück und zieht den anderen hoch (Abb. 4); dann ebenso in Gegenrichtung.

8. Sprungserie längs: Wieder Hände fassen; diesmal am Stab entlang von einem Ende zum anderen (oder noch weiter) springen.

9. Rollrennen: Alle Paare sitzen nebeneinander genau auf der Seitenlinie. Sie setzen die Sohlen auf den querliegenden Stab. Beim Startkommando sollen beide im Liegestütz rücklings – nur die Hände dürfen den Boden berühren – mit den Sohlen den Stab vorwärtsrollen. „Welches Paar kommt am schnellsten vorwärts?" Dann ebenso auf dem Rückweg, jetzt aber rückwärts stützeln.

Gymnastikstab   17

Hinweis: Paare mit einem Stab. Läufe um und über die Stäbe abwechselnd mit Partnerübungen an Ort und Stelle.

1. Slalom: Stäbe auf einer Geraden (z. B. auf der Seitenlinie) in 3 m Abstand auslegen. Paarweise dicht hintereinander Slalomlauf um alle Stäbe und neben den Stäben zurücklaufen (Abb. 1).

5. Durch die Tore: Einer von beiden stellt den Stab senkrecht und bildet in weiter Rumpfbeuge vorwärts ein Tor. Alle anderen müssen durch jedes Tor laufen (Abb. 2) und danach ihren Partner ablösen.

6. Ganze Länge: Einer soll in der Rückenlage nacheinander die Beine, dann das Gesäß und den Oberkörper (Brücke) so vom Boden abheben, daß der andere den Stab

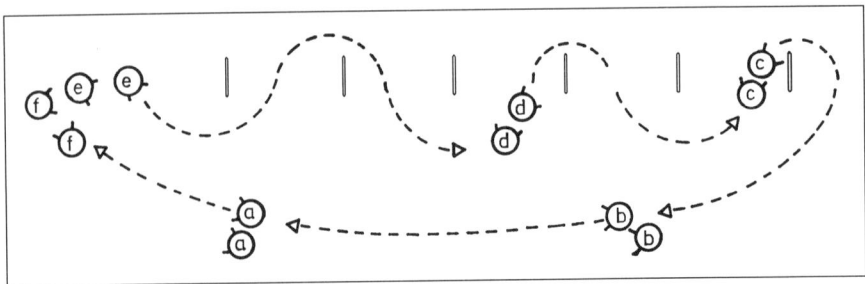

Abb. 1

2. Holzsägen: In offener Schrittstellung gegenüberstehen; jeder umfaßt mit beiden Händen ein Stabende. Weite Armschwünge vor und zurück.

3. Slalom gegengleich: Beinahe gleichzeitig loslaufen, einer beginnt links, der andere rechts vor der Stabreihe.

4. Nicht loslassen: Beide stehen nebeneinander und halten den Stab mit beiden Händen in Vorhalte. Sie sollen sich gleichzeitig hinsetzen, abrollen und mit Schwung wieder aufstehen.

Abb. 2

dicht über dem Boden vorsichtig unter ihm durchführen kann (Abb. 3). Zweimal in beiden Richtungen, dann Wechsel.

7. Überspringen: Einer von beiden hält im Hocksitz den Stab kniehoch. Der andere überspringt alle Stäbe; danach Wechsel.

8. Hand über Hand: Abb. 4; beide in Bauchlage gegenüber; am Boden beginnend immer höher greifen, beinahe bis zur Stabspitze und – ehe der Stab kippt – wieder in Etappen abwärts.

9. Stab werfen: Einer balanciert den senkrechten Stab auf der Handfläche und wirft ihn plötzlich einige Zentimeter senkrecht hoch. Sein Partner steht dicht daneben, soll den Stab mit der flachen Hand auffangen und sofort weiterbalancieren. *„Welches Paar kann höher anwerfen, welches schneller wechseln?"*

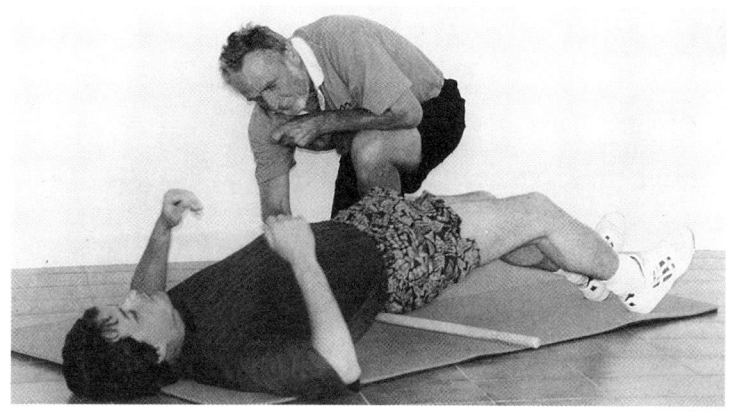

Abb. 3

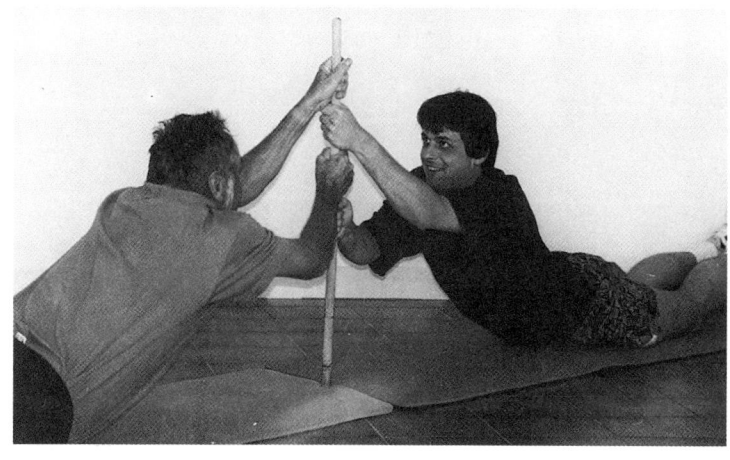

Abb. 4

Gymnastikstab 18

Hinweis: Paare mit zwei Stäben. Zu zweit laufen wechselt mit Partnerübungen an Ort und Stelle, bei denen jeder seinen eigenen Stab und den des Partners an einem Ende faßt.

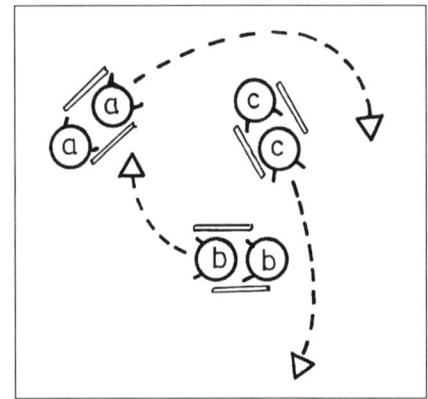

Abb. 1

1. Dampflok: Abb. 1; hintereinander im Gleichschritt gehen; die Stäbe schwingen im Schrittrhythmus vor und zurück. Allmählich schneller gehen und schließlich laufen.

2. Langlaufschwünge: Abb. 2; kräftig nach vorn und zurück schwingen. Dasselbe gegen den Widerstand des Partners, d. h. einer zieht und schiebt, der andere bremst.

3. Kreisschwünge: Wieder hintereinander laufen; diesmal große Armschwünge abwechselnd links und rechts; die Stäbe sollen immer parallel und waagerecht bleiben. Acht Kreisschwünge in jeder Richtung.

4. Rumpfdrehen: Abb. 3; weiter Grätschstand; möglichst weit drehen und in der Endposition einige Sekunden verharren.

Abb. 2

Abb. 3

5. Enge Kreise: Einer kniet und hält beide Stäbe hüfthoch. Sein Partner muß beide Stäbe fünfmal überspringen; dann Wechsel. Im zweiten Durchgang wird ebenso oft der eine Stab übersprungen und unter dem anderen durchgekrochen.

6. Dazwischen durch: Gegenüberstehen, den einen Stab tief halten, den anderen über Kopfhöhe. Beide sollen nun gleichzeitig über den tiefen Stab steigen und, ohne loszulassen, sich mit Körperdrehung unter dem oberen Stab durchwinden. Mehrmals wiederholen, auch in der Gegenrichtung.

7. Zugwagen und Anhänger: Beide laufen hintereinander, die Stäbe seitlich an den Enden gefaßt (siehe 1). Sowohl der Vordermann als auch der hintere des Gespanns kann die Stäbe plötzlich loslassen. Wer mit den Stäben zurückbleibt, muß abbremsen und solange in Startstellung warten (Abb. 4), bis ein „Mitfahrer" kommt und sich als „Zugwagen" bzw. als „Anhänger" bei ihm „einklinkt".

Abb. 4

Gymnastikstab 19

Hinweis: Dreiergruppen mit zwei Stäben. Laufen mit Stabübergabe im Wechsel mit Partnerübungen an Ort und Stelle (2, 4 usw.). Bei den Partnerübungen sind immer zwei mit den Stäben an Ort und Stelle beschäftigt; der dritte legt eine vereinbarte Laufstrecke zurück (eine Hallenrunde oder mehrere) und löst dann einen Partner ab.

1. Stabübergabe: Alle laufen „kreuz und quer"; wer keinen Stab hat, sucht den zweiten seiner Dreiergruppe und übernimmt im Lauf dessen Stab, dieser danach ebenso vom dritten usw.

2. Bis Schulterhöhe: Den Stab so weit wie möglich in die Achselhöhle hochziehen und wieder senken (Abb. 1).

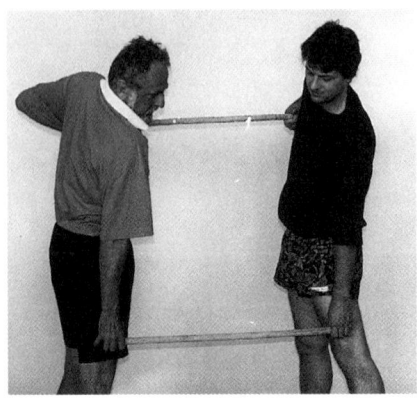

Abb. 1

3. Achterlauf: Zwei beginnen auf der einen Seitenlinie, der dritte mit Stab auf der anderen. Es wird von einer Linie zur anderen gelaufen und auf diesem Weg der Stab abgegeben bzw. übernommen (Abb. 2). Wer den Stab erhalten hat, muß auf der Gegenseite sofort umkehren und dem dritten Partner entgegenlaufen.

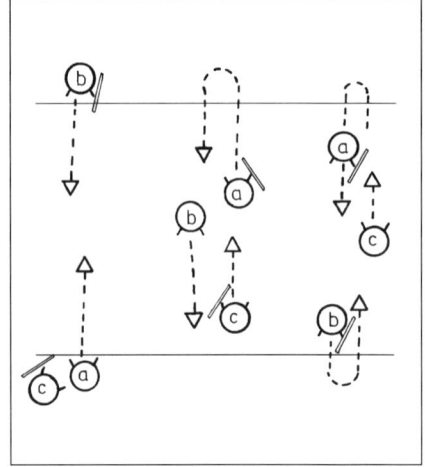

Abb. 2

4. Langlaufschwünge: Wieder gegenüberstehen und die Stabenden fassen. Die Arme synchron weit vor- und zurückschwingen; die Knie im Schwung beugen und strecken.

5. Schneller Achterlauf: Wieder Stabübergabe in der Mitte; diesmal höheres Tempo und den Stab vertikal halten.

Abb. 3

Abb. 4

6. Seitbeugen: Abb. 3; einen Stab an den Beinen entlang in Richtung Fußboden schieben, den anderen weit über den Kopf anheben und in der Endposition 15 Sek. verharren; dann andere Seite.

7. Nackenbrücke: Einer hebt sich aus der Rückenlage in die Nackenbrücke. Der andere legt den Stab unter den Liegenden und läuft um ihn herum. Dort den Stab aufnehmen, zur Startposition weiterlaufen und erneut beginnen. Wechsel nach sechs Runden.

8. Transportstaffel: Abb. 4; den ersten von der Startlinie zu einer Umkehrlinie tragen, dort Wechsel und den zweiten ebenso zurücktransportieren; dann ist der dritte an der Reihe. Jeder wird zweimal getragen.

Gymnastikstab

Hinweis: Dreiergruppen mit zwei Stäben. Zwei üben an weit voneinander entfernten Orten mit dem Stab, der dritte läuft von einem Partner zum anderen (evtl. mehrmals) und löst dann einen seiner beiden Partner ab.

1. Balancieren: Auf den Endlinien (oder an bestimmten Markierungspunkten) balanciert je einer der Dreiergruppe den Stab im Stehen, Sitzen und Liegen. Der Läufer soll den Stab auf der flachen Hand übernehmen (nicht festhalten).

2. Auf den Unterschenkeln: Im Schwebesitz den Stab zwischen Fußspitzen und Knien vor- und zurückrollen lassen. Die Stabübergabe soll auch bei dieser Übung ohne Benützen der Hände erfolgen.

3. Horizontaler Flug: Den waagerechten Stab mit beiden Händen fortgesetzt hochwerfen und wieder auffangen. Der Läufer übernimmt im passenden Augenblick den fliegenden Stab.

4. Mit der Sohle rollen: Auf einem Bein etwa 2 m vorwärts- und rückwärtshüpfen und den Stab mit der Sohle des anderen Fußes nahe am Sprungbein mitrollen.

5. Schersprung: Abb. 1; ein Bein darüberschwingen und zufassen, ehe der Stab umfällt. Mehrmals wiederholen; ebenso mit dem anderen Bein. *"Wer kann dasselbe mit beiden Beinen als Schersprung?"*

6. Oberschenkel an den Stab: Mit dem Stab in Vorhalte auf dem linken Bein hüpfen. Bei jedem dritten Sprung den rechten Oberschenkel zum Stab hochschwingen. Nach vier Berührungen dasselbe gegengleich.

Abb. 1

Abb. 2

Abb. 3

7. Gleiches Tempo: Abb. 2; einer beginnt vor dem Mittelmann, der andere hinter ihm. Unter den Armen des mittleren durchtauchen und auf der Gegenseite gleichzeitig hochspringen; dann ebenso in der Gegenrichtung. Den Mittelmann nach jeweils acht Strecksprüngen auswechseln.

8. Transportstaffel: Abb. 3. Jeder wird einmal zur Ziellinie und wieder zurück getragen. *„Welche Gruppe ist zuerst fertig?"*

Medizinball 21

Hinweis: Jeder zweite Teilnehmer hat einen Medizinball. Laufen im Wechsel mit Partnerübungen.

1. Ball suchen: Alle laufen kreuz und quer durch die Halle. Den Ball etwa 10 m weit tragen, dann ablegen und weiterlaufen; irgendeinen anderen Ball aufnehmen usw.

2. Der Ball kreist: Rücken an Rücken stehen; den Ball zuerst in einem großen vertikalen Kreis (Abb. 1), dann weit ausladend einem horizontalen Kreis und schließlich in einer Acht kreisen lassen. Jeweils sechsmal in beiden Richtungen.

3. Hinten tragen: Den Ball hinter dem Rücken festhalten und etwa 10 m weit laufen; dann abstoppen und solange vorsichtig rückwärtsgehen, bis ein „freier" Läufer den Ball (ebenfalls hinter dem Rücken) übernimmt. Jeder soll möglichst schnell den nächsten Ball übernehmen.

Abb. 1

4. Hochstemmen: Im Hocksitz den Ball hochstemmen (Abb. 2). Dann mit dem Ball einen vertikalen Kreis beschreiben. *„Welches Paar kann dabei unter den Beinen in die Hände klatschen, ohne umzukippen?"*

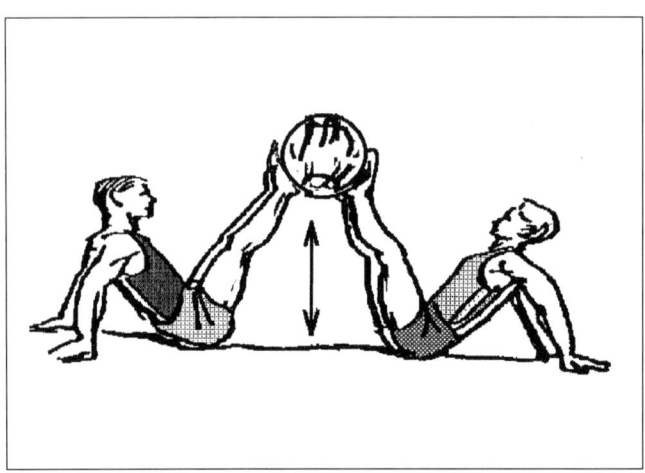

Abb. 2

5. Fußballdribbling: Viele Richtungswechsel und den Ball eng führen. Wer keinen Ball hat, soll die Ballführenden stören und mit fairen Mitteln einen Ball erkämpfen.

6. Der Ball rollt: Abb. 3; Abstand etwa 2 m. Dreimal geradeaus rollen, dann den Stützarm wechseln und zuletzt sechsmal diagonal rollen. *„Welches Paar kann den Ball werfen?"*

7. Sit-up: Rückenlage mit gebeugten Beinen; Füße berühren die des Partners. Gleichzeitig in den Hocksitz aufrichten und den Ball übergeben bzw. übernehmen; dann beide sofort wieder Rückenlage.

8. Werfen und Fangen: Gassenaufstellung in 6 m Abstand. Den Ball zum Partner werfen; immer neue Wurfarten erfinden.

9. Abschlußstaffel: Je sechs Teilnehmer bilden eine Mannschaft und legen sich in 1 m Abstand nebeneinander auf den Rücken. Der erste jeder Gruppe trägt den Ball über die Liegenden zum Ende der Reihe und ruft „Hoch". Alle heben sich in den Liegestütz rücklings und der Ball wird unter den Rücken durch zum zweiten gerollt. Dieser nimmt den Ball auf, läuft ebenso über die Liegenden usw. Wer gerollt hat, schließt sich am Ende an. *„Welche Gruppe ist zuerst fertig?"*

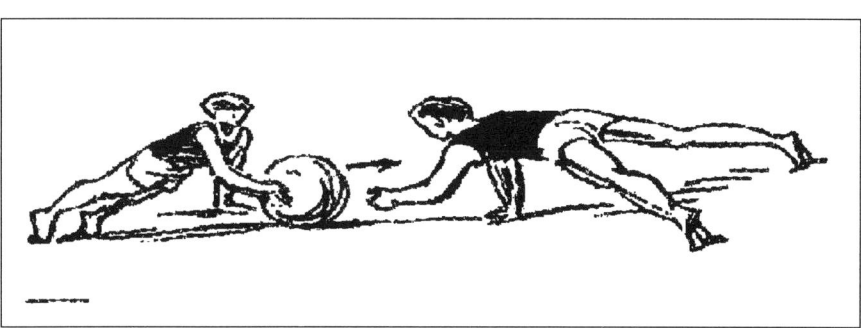

Abb. 3

Medizinball 22

Hinweis: Paare mit einem Ball. Beliebig nebeneinander laufen, auf Zuruf abstoppen und eine Partnerübung ausführen.

1. Beidhändiges Abspiel: Den Ball einige Schritte tragen, dann vorausrollen. Der Partner nimmt den Ball auf usw.

2. Abstand regulieren: Abb. 1; synchron weite Körperschwünge aus der Hochhalte durch die Beine nach hinten und wieder vorwärts; den Ball beim Hochschwingen zureichen bzw. annehmen.

3. Dosiert rollen: Von einer Endlinie aus den Ball so rollen, daß er eben noch die andere Stirnwand erreicht; beide sollen auf Ballhöhe nebenherlaufen. In der Gegenrichtung rollt der Partner.

4. Um den Ball drehen: Rücken an Rücken beginnen, den Ball in Hüfthöhe hinten festklemmen. Beide drehen sich langsam und vorsichtig gegengleich; der Ball darf nicht herabfallen.

Abb. 1

5. Werfen und Laufen: Abstand 6–8 m; Wurf zum Partner und Spurt um diesen herum auf den Startplatz zurück. Dieser fängt, rollt den Ball mehrmals in einer Acht um die Füße (Grätschstand) und setzt dann die Übung ebenso fort.

6. Liegestütz rücklings: Abb. 2; zunächst abwechselnd in den Liegestütz rücklings hochstemmen, dann beide gleichzeitig.

Abb. 2

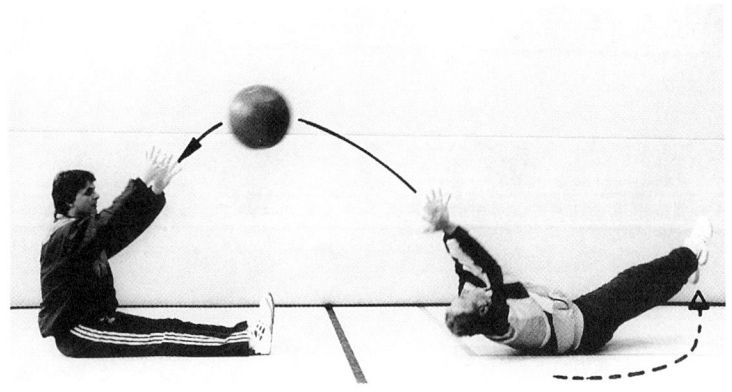

Abb. 3

7. Im Abrollen: In der Rückenlage den Ball mit den Füßen über den Kopf nach hinten werfen. Der Partner fängt im Grätschsitz, dreht sich auf dem Gesäß um 180° und wirft ebenso zurück. „Wer kann mit den Füßen fangen, sich drehen und zurückwerfen?" (Also ohne die Hände zu benützen).

8. Liegestütz und Bauchlage: Einer wechselt fortwährend zwischen Bauchlage und Liegestütz vorlings. Der andere rollt den Ball im richtigen Augenblick unter ihm durch, springt über den Liegenden und nimmt den Ball wieder auf. Dann ebenso in der Gegenrichtung; Wechsel nach 8 Pendelläufen.

9. Schwungwurf: Strecksitz gegenüber in 4 m Abstand. Mit einer halben Drehung auf dem Gesäß den Ball über den Kopf zum Partner schleudern (Abb. 3). Dieser fängt und wirft ebenso zurück. „Wer kann den Schwung beim Fangen für die Drehung ausnützen?"

10. Abwechselnd um den Ball: Den Ball dosiert rollen (wie bei Übung 3). Diesmal sollen beide nicht nur nebenherlaufen, sondern den rollenden Ball möglichst oft umkreisen. „Welches Paar schafft die höchste Serie?" Der Versuch ist ungültig, wenn der Ball „unterwegs" berührt wird oder wenn er die andere Stirnwand nicht erreicht.

Medizinball 23

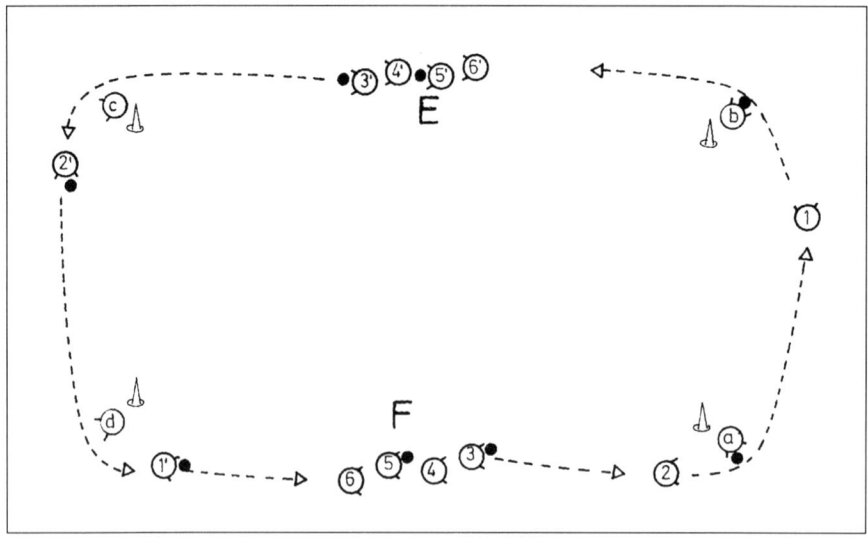

Abb. 1

Hinweis: Jeder zweite Teilnehmer hat einen Ball. Aufstellung und Laufwege gemäß Abb. 1: je vier Spieler stehen in den Ecken (a–d); zwei davon mit Ball (b, d). Die übrigen Teilnehmer bilden zwei Reihen in der Mitte (E, F).
Zur ersten Ecke laufen und dort den eigenen Ball abgeben; an der nächsten Ecke einen anderen Ball übernehmen. Beim zweiten Läufer umgekehrt. Nach einiger Zeit werden die Eckspieler ausgewechselt und sowohl das Abspiel als auch die Fortbewegung mit Ball verändert.

1. Tragen und Zureichen: Den Ball mit beiden Händen tragen und beim Abgeben bzw. Übernehmen nicht werfen.

2. Im Nacken tragen: Der Ball wird im Nacken getragen und vor den Eckspielern abgelegt.

3. Rollen: Den Ball mit einer Hand rollen, nach jeder Strecke die Hand wechseln; ohne Ball Hopserlauf.

4. Kurze Würfe: Sowohl während des Laufens als auch bei der Ballabgabe beidhändige Würfe von unten.

5. Krebsgang: Im Liegestütz rücklings den Ball auf dem Bauch transportieren (Abb. 2). Die Eckspieler nehmen den Vorbeikriechenden den Ball ab bzw. legen ihn in die Hüftbeuge. Auf den Strecken ohne Ball gehen und Arme und Beine lockerschütteln.

Abb. 2

6. Mit der Stirn: Im Kriechen den Ball mit der Stirn vorwärtsstoßen. Ohne Ball lockerer Lauf, dabei Beine und Arme ausschütteln.

7. Drei Strecksprünge: Drei Strecksprünge vorwärts mit dem Ball in Vorhalte; dann Abspiel und zur nächsten Ecke weiterlaufen.

8. Mit dem Oberschenkel: Den Ball im Lauf mit Oberschenkel oder Knie hochstoßen und gleich wieder auffangen (Abb. 3); ohne Ball Strecksprünge vorwärts mit großem Armschwung.

Abb. 3

9. Verfolgungsrennen: Nur noch die Startläufer und zwei Eckspieler (a und c) haben einen Ball. Der Ball wird getragen und darf weder beim Eckspieler noch bei der Gruppe geworfen werden (siehe 1. Übung). Jeder muß eine ganze „Runde" zurücklegen und soll versuchen, den Läufer der Gegengruppe einzuholen.

Medizinball 24

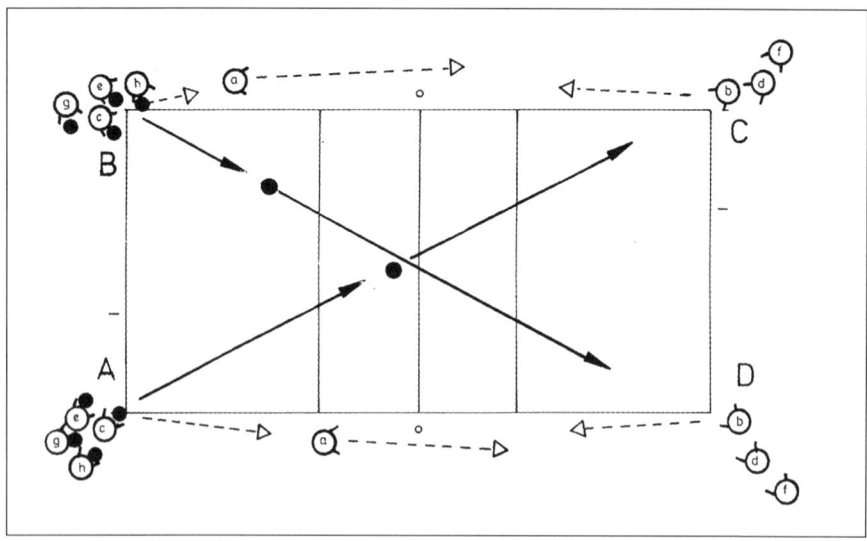

Abb. 1

Hinweis: Jeder zweite Teilnehmer hat einen Ball. Anfangsaufstellung gemäß Abb. 1. Den Ball diagonal rollen (A–C und B–D) und gerade (longline) zur Gegengruppe laufen (A zu D und B zu C). Dort auf einen Ball warten, und diesen auf immer neue Art und Weise zum Startplatz zurücktragen.

1. Im Nacken: Auf dem Rückweg den Ball im Nacken festhalten.

2. Rollen: Den Ball beim Zurücklaufen rollen und abwechselnd mit der linken und rechten Hand anstoßen; dabei rechts bzw. links vom Ball laufen.

3. Mittlere Hocke: Abb. 2; die Arme strecken; Oberschenkel etwa waagerecht.

Abb. 2

4. Kopfstoß: Im Vierfüßlergang (Abb. 3) oder auf den Knien rutschend den Ball mit dem Kopf anschieben.

Abb. 3

5. Krebsgang: Den Ball in der Hüftbeuge transportieren; bis zur Mittellinie mit den Füßen voraus, dann umdrehen und den Rest des Weges rückwärts kriechen (Abb. 4).

6. Spurt: Auf dem Rückweg den Ball vorausrollen, im Spurt überholen und anhalten, ehe er die Gegenseite erreicht hat.

7. Strecksprünge: Mit dem Ball in Vorhalte aus der Hocke schräg vorwärts abspringen. Nach jeweils vier Sprüngen einige Schritte gehen.

8. Auf dem Rücken: Kleine Schlußsprünge, der Ball wird mit beiden Händen auf dem Rücken festgehalten.

9. Auf Tempo: Jeder soll seinen Ball in möglichst schneller Folge rollen (aber erst, wenn auf der Gegenseite ein Fänger bereitsteht) und sofort auf die Gegenseite spurten. Den Ball beliebig tragen. Überholen ist gestattet.

Abb. 4

Medizinball 25

Hinweis: Jeder Teilnehmer hat einen Ball. Die Bälle gleichmäßig verteilt ablegen. Abwechselnd wird nun entweder in immer neuen Varianten gelaufen (1, 3, 5 usw.), oder auf Zuruf irgendein Ball „besetzt" und mit diesem eine Übung an Ort und Stelle ausgeführt (2, 4 usw.).

1. Tempowechsel: Locker laufen, an jedem dritten Ball sowohl eine Richtungs- als auch eine Tempoänderung vornehmen (schnelle Trippelschritte oder langsame „Riesenschritte"). Nun Zuruf und niemand will zuletzt am Ball sein.

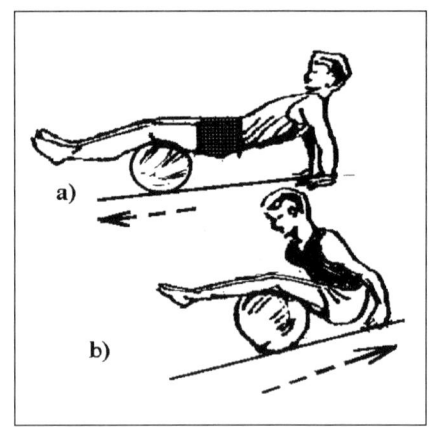

Abb. 1

2. Uhrzeiger: Im Gleichgewicht Bauchlage auf dem Ball; den Körper anspannen. Mit den Händen abstoßen und auf dem Ball drehen.

3. Stirn – Knie – Ellbogen: Von Ball zu Ball laufen, den ersten Ball mit der Stirn, den nächsten gleichzeitig mit einem Knie und dem anderen Ellbogen berühren.

4. Vor und zurück: Abb. 1; die Hüfte strecken und möglichst weit nach vorn strecken (a); dann wieder weit zurückrollen (b).

5. Sohle auf dem Ball: Seitgalopp, an jedem nicht besetzten Ball anhalten und acht Hopsersprünge absolvieren; die Sohle berührt dabei jedesmal „leise" den Ball.

6. Drehscheibe: Abb. 2; mit den Füßen abstoßen und dann frei mit dem Ball rotieren. *„Wem gelingt eine ganze Drehung, ohne dabei umzukippen?"*

Abb. 2

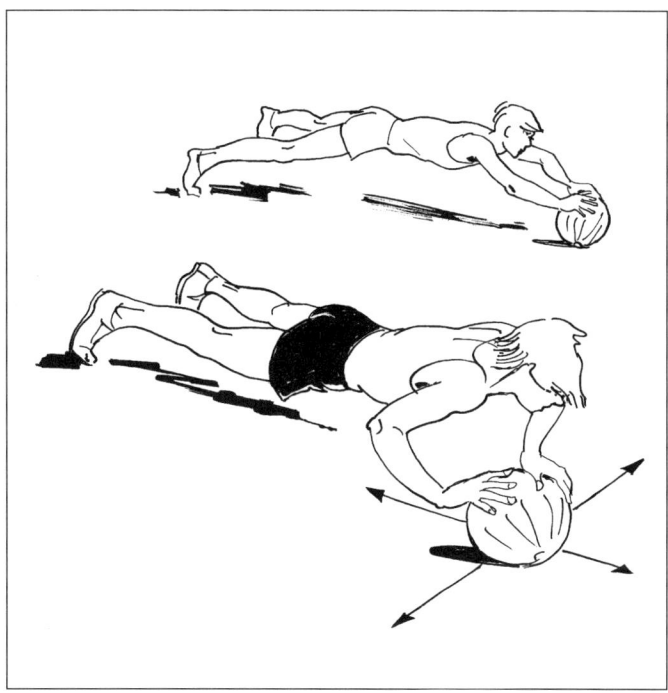

Abb. 3

7. Enge Kreise: Hohes Lauftempo; um jeden dritten Ball einen engen Kreis laufen.

8. Vorsichtig rollen: Abb. 3; den Ball durch unterschiedliches Entlasten der Hände Zentimeter um Zentimeter nach links oder rechts rollen, dann nach vorn und wieder zurück.

9. Geschicklichkeits-Dreikampf: Drei Aufgaben sind nacheinander zu erfüllen. Bei Fangfehlern wieder von vorne beginnen.

a) Den Ball hochwerfen und hinter dem Rücken auffangen.

b) Den Ball anwerfen und mit dem linken und rechten Oberschenkel je zweimal hochstoßen.

c) Den Ball niedrig anwerfen und im Nacken auffangen (ohne Hilfe der Hände oder Arme). *„Wer schafft drei fehlerfreie Serien?"*

Medizinball 26

Hinweis: Jeder hat einen Medizinball. Mit dem Ball beliebig „kreuz und quer" laufen. Auf Zuruf anhalten und eine Übung an Ort und Stelle ausführen.

1. Fußballdribbling: Dicht am Ball bleiben; viele Tempo- und Richtungswechsel. Auf Zuruf den eigenen Ball anhalten und sofort mit irgendeinem anderen Ball weiterdribbeln.

2. Seitbeugen: Grätschstand; aus der Hochhalte mit weitem Rumpfseitbeugen den Ball abwechselnd auf der linken und der rechten Seite kraftvoll auftippen.

3. Rollen und Tragen: Pendelläufe vom Startpunkt zur entfernteren Stirnwand; auf dem Hinweg den Ball rollen, auf dem Rückweg tragen.

4. Rückenlage und Nackenbrücke: Abb. 1; den Ball mit beiden Händen um den Rumpf herumführen.

5. Werfen und Rollen: Den Ball vorauswerfen und nach einigen

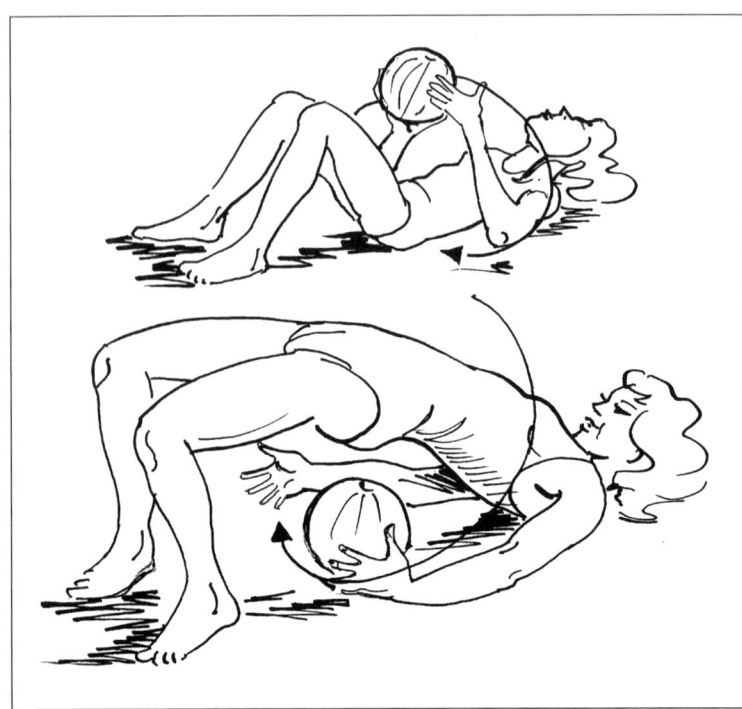

Abb. 1

Laufschritten wieder auffangen; dann den Ball rollen und ebenfalls im Lauf aufnehmen usw.

6. Bauchlage und Liegestütz: Abb. 2; zunächst über den Rücken rollen (a), dann mit einer Hand unten durch zurück (b); mehrmals in beiden Richtungen.

7. Beugen und Strecken: Abb. 3; der Ball ist zwischen den Füßen festgeklemmt; er soll den Boden nicht berühren.

Abb. 2

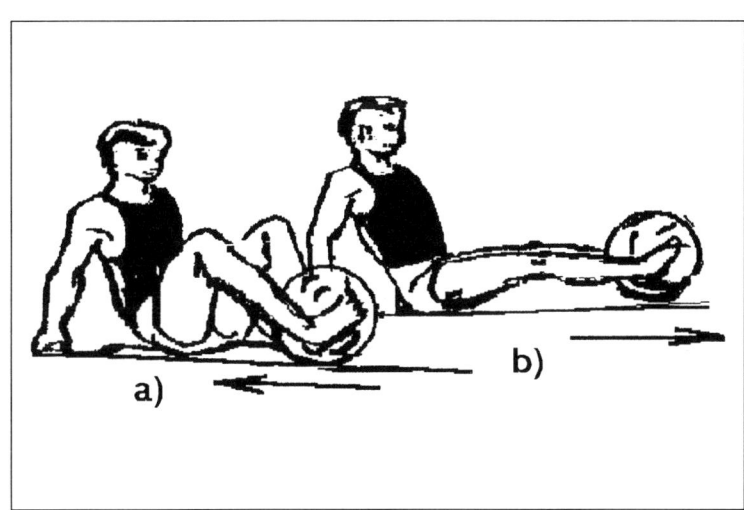

Abb. 3

8. Abwechselnd Bauch und Stirn: Den Ball im Liegestütz rücklings etwa 6 m weit in der Hüftbeuge transportieren. Auf dem Rückweg wird er im Vierfüßlergang mit der Stirn angestoßen.

9. Wechsel Sitz und Stand: Den Ball senkrecht hochwerfen und im Sitzen auffangen, dann im Sitz hochwerfen und im Stand auffangen.

10. Transportstaffel: Jeder sucht sich einen Partner. Beide laufen nebeneinander von der Angriffslinie zur Endlinie, einer trägt beide Bälle. Dort übernimmt der andere die Bälle und trägt sie auf dem Rückweg. „Welches Paar schafft am schnellsten drei Durchgänge?"

Medizinball 27

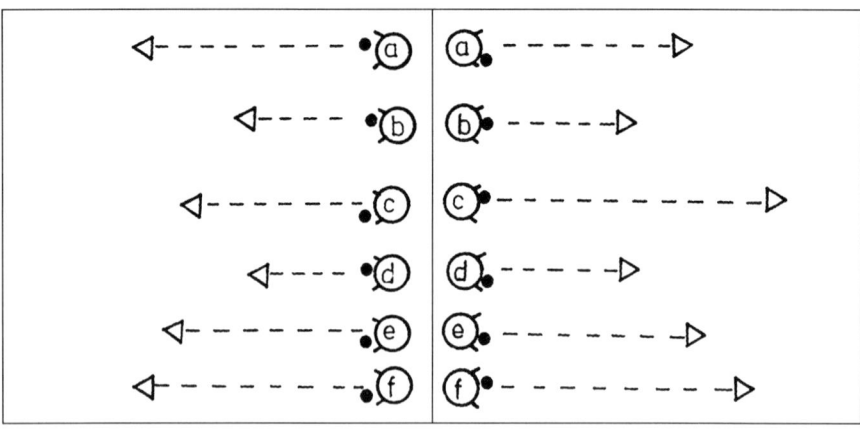

Abb. 1

Hinweis: Jeder hat einen Medizinball; Aufstellung und Laufstrecke gemäß Abb. 1. Jeder läuft zu „seiner" Stirnwand, kehrt zurück und tauscht an der Mittellinie mit seinem Partner den Ball. Beim Lauf sind immer neue Übungen zu absolvieren.

1. Rollen: Den Ball zur Wand rollen, dort aufnehmen und zurücktragen.

2. Achterrollen: Locker laufen und den Ball mit dem Fuß führen. Auf beiden Wegen einmal anhalten und im weiten Grätschstand Achterrollen.

3. Wandberührung: Beide Wege im Hopserlauf, der Ball wird in der Hochhalte getragen. Grätschstand mit dem Rücken zur Wand; sechsmal den Rumpf beugen und strecken. Der Ball soll hoch über dem Kopf und unten zwischen den Beinen die Wand berühren.

4. Mit den Sohlen: Auf dem Weg zur Wand Galopphüpfen seitwärts mit dem Ball in Vorhalte. Auf dem Rückweg von der Endlinie bis zur Angriffslinie den Ball im Liegestütz rücklings voranstoßen (Abb. 2).

Abb. 2

5. Ohne Abstützen: Zügiger Lauf; auf jedem Weg zweimal – ohne mit dem Ball den Boden zu berühren – über den Sitz in die Bauchlage abrollen und wieder aufstehen.

Abb. 3

6. Mit der Stirn: Auf dem Rückweg zwischen Endlinie und Angriffslinie auf allen vieren kriechen und den Ball mit der Stirn anschieben.

7. Vorsichtig rollen lassen: Auf beiden Wegen einbeiniges Hüpfen. Jeweils einmal anhalten und gemäß Abb. 3 die Rumpfbeuge so verändern, daß der Ball auf dem Rücken vor- und zurückrollt.

8. Gleiches Tempo: Beide rollen ihren Ball gleichzeitig von der Mittellinie dosiert zur „eigenen" Stirnwand, drehen sich dann schnell um und folgen dem Ball des Partners (Abb. 4). Ball und Läufer sollen gleichzeitig die Endlinie erreichen.

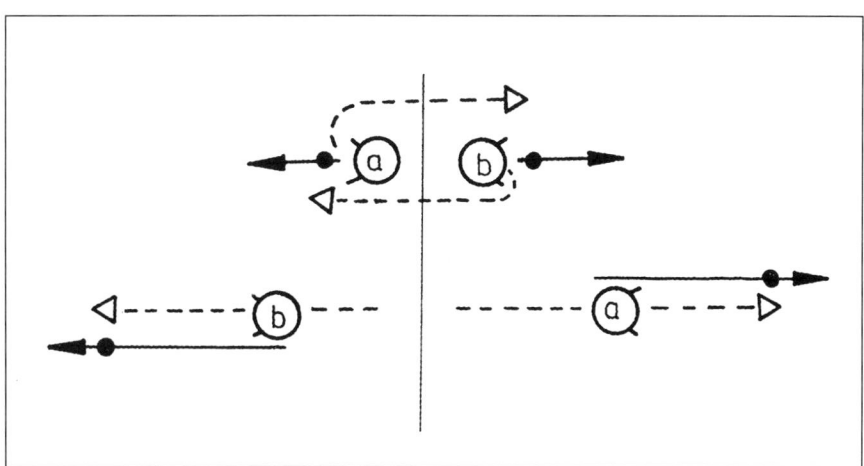

Abb. 4

Medizinball 28

Hinweis: Jeder hat einen Ball. Gleichviele Teilnehmer beginnen an jeder Längswand (Abb. 1). Alle laufen zur Mitte, absolvieren dort gemeinsam mit ihrem Partner eine

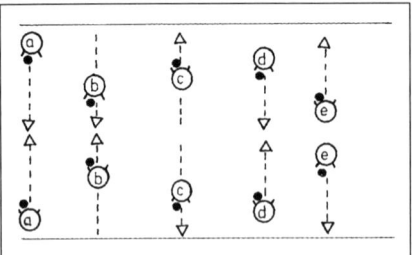

Abb. 1

Übung und kehren zum Startplatz zurück. Bei kleinen Gruppen erfolgt der Start an den Stirnwänden.

1. Tragen + Balltausch: Den Ball beliebig tragen. Am Umkehrpunkt den Ball des Partners übernehmen.

2. Vorhalte und Rumpfbeuge: In der Vorhalte tragen. Dicht vor dem Partner stehenbleiben und synchron weites Rumpfbeugen seitwärts; die Bälle sollen deckungsgleich schwingen.

3. Schieben + Festklemmen: Den Ball mit beiden Händen auf dem Boden vorwärtsschieben. In der Mitte gemäß Abb. 2 die Bälle gleichzeitig anheben und hoch oben den Ball des Partners berühren.

4. Niedrig vorauswerfen: Den Ball im Lauf hochwerfen. Beim Balltausch die Bälle gleichzeitig hochwerfen und den Ball des Partners auffangen.

Abb. 2

Abb. 3

5. Fußball + Festhalten: Den Ball mit dem Fuß führen. Mit dem eigenen Ball den des Partners „heraushämmern"; dieser hält dagegen (Abb. 3). Jeder hat sechs Versuche.

6. Festklemmen + Scheibenwischer: Im Lauf den Ball um den Rumpf herumreichen. Am Umkehrpunkt „Scheibenwischer" gegengleich (Abb. 4).

7. „Bälle weg" mit Rollen: Gleichviele Teilnehmer in jeder Hallenhälfte; jeder rollt seinen Ball und dann alle herüberrollenden Bälle über die Mittellinie ins Gegenfeld. Auf Zuruf bleiben alle „versteinert" stehen, und die Anzahl der in jedem Feld liegenden Bälle wird festgestellt.

Abb. 4

Medizinball 29

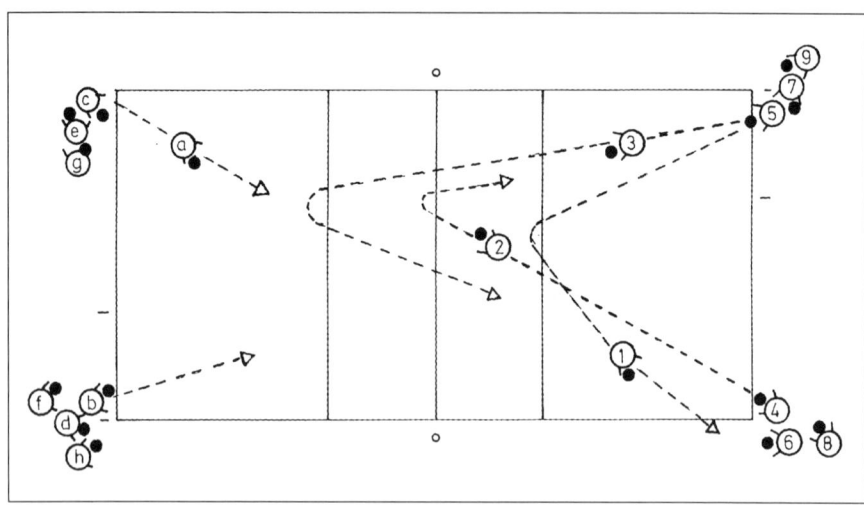

Abb. 1

Hinweis: Jeder hat einen Medizinball; etwa gleichviele Teilnehmer beginnen in jeder Ecke (Abb. 1). In beliebiger Reihenfolge Pendellauf von den Ecken zu jeder der drei Umkehrlinien (Mittellinie und beide Angriffslinien). Auf die Laufserien folgen zur aktiven Erholung Übungen an Ort und Stelle (2, 4 usw.).

1. Unterschiedlich tragen: Locker laufen, den Ball auf jeder Strecke anders tragen (z. B. unter dem Arm, im Nacken, hinter dem Rücken).

2. Weit nach vorn: Im Grätschsitz den Ball dicht an den Beinen entlang rollen (Abb. 2). *„Gelingt dies mit gestreckten Beinen?"*

3. Immer einmal anstoßen: Den Ball rollen; abwechselnd mit der linken und rechten Hand anschieben und danach jedesmal den Körper aufrichten.

4. Bodenübung: Aus dem Stand über Hocksitz und Rückenlage in die Bauchlage drehen; dann Kniestand und wieder aufstehen. Während der gesamten Übung den Ball mit gestreckten Armen hochhalten.

5. Schieben: Auf dem Hinweg den Ball mit der linken Hand auf dem Boden vorwärtsschieben, auf dem Rückweg mit rechts.

6. Weit zurückdrehen: Im Kniestand den Ball hinter den Füßen ablegen und auf der anderen Seite wieder nach vorne holen.

7. Steilvorlage: Im Lauf den Ball schräg nach vorne werfen und wieder auffangen; Zusammenstöße vermeiden; einen bestimmten Rhythmus suchen (z. B. jeweils drei Schritte).

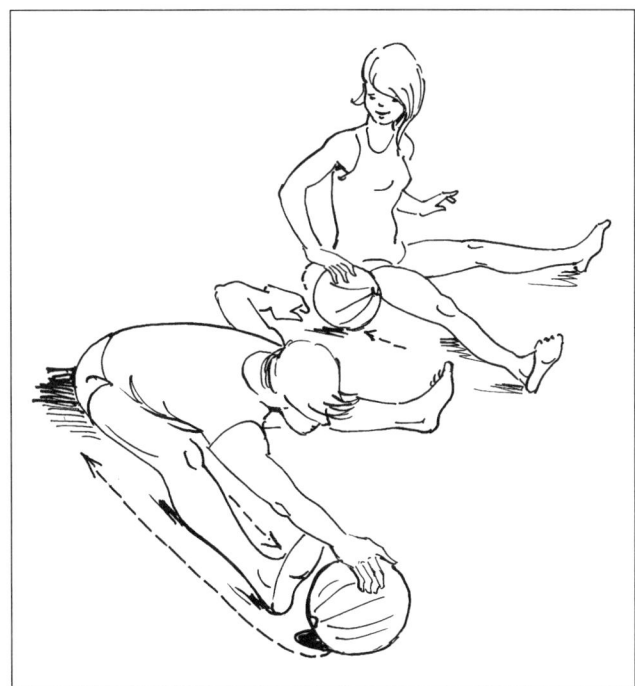

Abb. 2

8. Nur mit den Füßen: Im Sitzen den Ball mit den Füßen hochwerfen und mit den Händen auffangen. „Wer kann mit den Füßen fangen und werfen?"

9. Vom Kniestand zum Sitz: Im Kniestand den Ball hochwerfen, schnell aufstehen, sich sofort hinsetzen und fangen.

10. Staffelwettbewerb: Mehrere Mannschaften mit je 6–8 Teilnehmern bilden im Grätschstand dicht aufgeschlossene Reihen. Der Vordermann rollt den Ball durch den Tunnel nach hinten, der letzte der Reihe nimmt ihn auf und läuft nach vorn. Er wird zum neuen Vordermann und setzt die Staffel ebenso fort.

Medizinball 30

Hinweis: Jeder hat einen Ball; Jeweils 8 Teilnehmer bilden einen Kreis und legen ihre Bälle in gleichmäßigen Abständen ab (Abb. 1). Alle müssen immer vier (oder mehr) Runden laufen und dann mit ihrem Ball eine gymnastische Übungen ausführen (2, 4 usw.).

1. Lauf und Hopserlauf: Eine Runde locker traben, die nächste im Hopserlauf, dann wieder laufen usw.

2. Gegendrehen: Abb. 2; Strecksitz, den Ball mit gestreckten Beinen von einer Seite zur anderen heben.

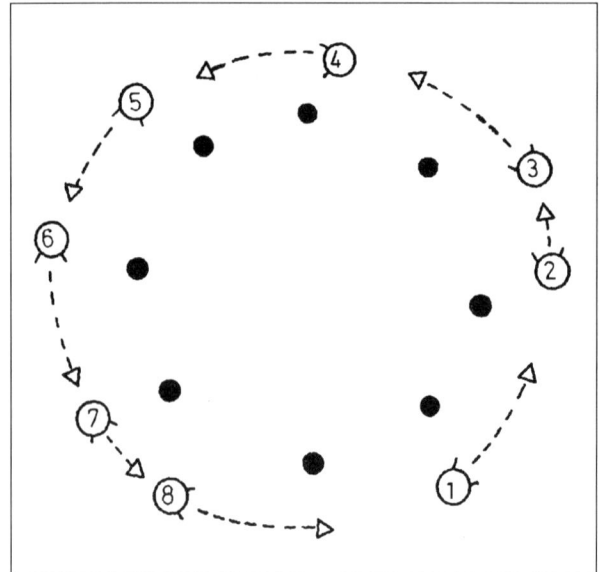

Abb. 1

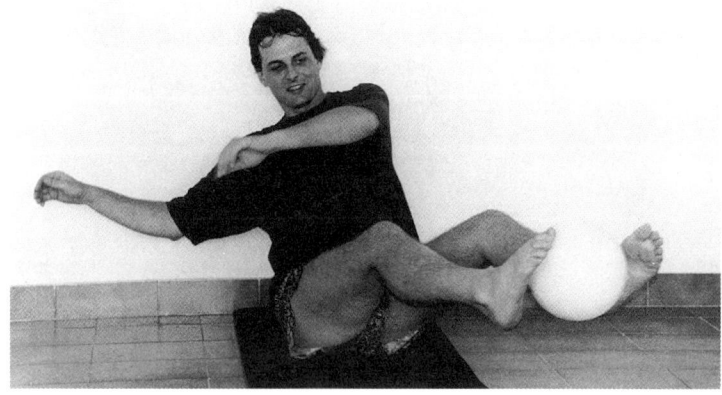

Abb. 2

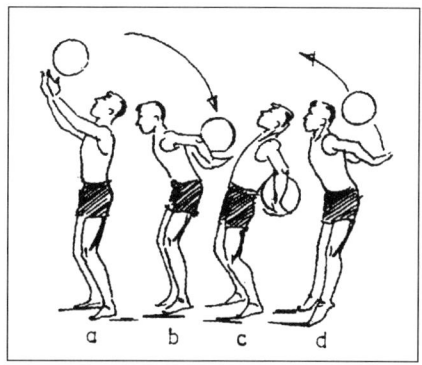
Abb. 3

Abb. 4

3. **Nachstellschritte:** Seitgalopp im Kreis, eine Runde mit Blick zur Mitte, die nächste mit dem Rücken zu den Bällen usw.

4. **Hinten Auffangen:** Abb. 3; den Ball hochwerfen (a) und hinter dem Rücken auffangen (b). Dann von hinten werfen (c, d) und vorne fangen (a).

5. **Slalom:** Schneller Kurvenlauf um die Bälle.

6. **Abrollen:** Den Ball mit den Füßen über die Schulter nach hinten schleudern und im Fallen auffangen (Abb. 4).

7. **Stütz auf dem Ball:** Mit einer Hand auf dem Ball abstützen und im Liegestütz seitlings mit kleinen Schritten einen weiten Kreis laufen; ebenso mit Stütz auf der anderen Hand.

8. **Schneller Stützwechsel:** Den Ball im Liegestütz immer schneller zwischen den Händen hin- und herrollen.

9. **Springprozession:** Alle in der gleichen Richtung: Schlußsprung über den Ball, sofort zurückspringen und erneut überspringen; dann zum nächsten Ball weitergehen und wieder drei Sprünge usw. Wer Probleme hat, darf neben dem Ball springen. *„Welche Gruppe schafft eine ganze Runde* mit Schlußsprüngen?" (Also ohne Gehen im Zwischenraum und nach Möglichkeit alle Sprünge im gleichen Rhythmus).

Hohlball 31

Hinweis: Jeder zweite erhält einen Ball; Laufübungen mit allmählicher Belastungssteigerung (1, 3 usw.) abwechselnd mit Geschicklichkeitsübungen an Ort und Stelle (2, 4 usw.).

Abb. 1

1. Dribbling: Wer einen Ball hat, dribbelt beliebig (Fuß, Hand) durch die Halle. Alle anderen suchen einen Partner mit Ball und folgen diesem dicht auf den Fersen. Auf Zuruf Rollentausch.

2. Mit den Füßen werfen: Im Sitz den Ball mit den Füßen zum Partner werfen; dieser fängt beidhändig und wirft mit den Füßen zurück.

3. Enge Kreise: Einer Basketballdribbling mit vielen Richtungsänderungen; der andere umkreist den Ballführenden sechsmal möglichst eng, aber ohne ihn zu behindern. Dann Wechsel und weiter mit vertauschten Rollen.

4. Mit den Füßen fangen: Wieder beide im Sitz; diesmal wird in hohem Bogen zugeworfen und mit den Füßen aufgefangen. *„Welches Paar kann mit den Füßen fangen und werfen?"*

5. Kurzpässe: Beide laufen nebeneinander und werfen sich den Ball zu. Den Ball höchstens drei Schritte tragen; viele Richtungswechsel.

6. Von hinten werfen: Den Ball mit beiden Händen von hinten zum Partner werfen (Abb. 1). Dieser fängt beliebig und wirft ebenfalls von hinten zurück. *„Wer kann gleich hinten auffangen?"*

7. Nur eine Hand: Wieder nebeneinander laufen; jetzt mit einer Hand werfen und fangen; Abspiel nach spätestens drei Schritten.

8. Sit-up: Abb. 2; Abstand 5 m. Mit Beinschwung sich aufrichten und gleich werfen. *„Wer kann sich nach dem Wurf im Schwebesitz halten?"*

Abb. 2

9. Schnelligkeit 1. Durchgang: Abb. 3; die Partner stehen sich auf den Angriffslinien gegenüber. Beide laufen zur Mitte, übergeben bzw. übernehmen dort den Ball und laufen sofort auf ihre Startlinie zurück. *"Welches Paar schafft in 20 Sekunden die meisten Übergaben?"*

10. Hochstemmen: Bauchlage gegenüber, mit gebeugten Armen beginnen. Den Oberkörper hochstemmen und einige Sekunden in der Extremposition halten (Abb. 4); dann in der Bauchlage entspannen.

11. Schnelligkeit 2. Durchgang: Den Schnelligkeitswettbewerb wiederholen; diesmal 30 Sekunden lang und Start auf den Grundlinien.

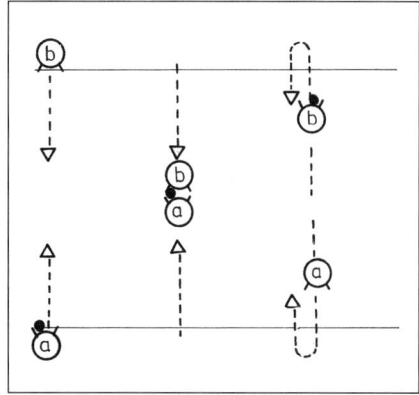

Abb. 3

Abb. 4

Hohlball 32

Hinweis: Paare mit einem Volleyball. Die Partner laufen nebeneinander und spielen sich den Ball zu (1, 3 usw.). Danach sind jeweils zwei Aufgaben an Ort und Stelle (2a, b, 4a, b usw.) zu absolvieren.

1. Prellen: Im Kreisverkehr nebeneinander laufen und den Ball einhändig zum Partner prellen. Nach jeder Runde Platzwechsel.

2. a) Weit zurück: A wirft hoch zu B; dieser soll mit dem Rücken zum Werfer in der Hochhalte fangen und durch die gegrätschten Beine zurückwerfen; Wechsel nach 6 Würfen.

2. b) Rotation: Im Schwebesitz den Ball zwischen den Füßen festklemmen und dem Partner zureichen. Dieser übernimmt mit den Füßen (ohne die Hände zu benützen). Nun machen beide eine ganze Drehung auf dem Gesäß und der Ball wird ebenso zurückgegeben.

3. Prellen erschwert: Nebeneinander laufen und den Ball mit einer Hand zum Partner prellen; viele Richtungswechsel. *„Welches Paar kann ausschließlich mit der äußeren (inneren) Hand prellen?"*

4. a) Nicht loslassen: Abb. 1; weit nach vorn beugen (a) und, ohne loszulassen, in die Bauchlage schieben (b), dann Rückenlage (c) und schließlich versuchen, in die Ausgangsstellung zurückzukommen.

Abb. 1

Mehrere Versuche in beiden Richtungen.

4. b) Wurf nach Drehung: Abb. 2; Strecksitz 4 m voreinander. Die Beine nach hinten schwingen und dabei den Ball im Fallen zum Partner werfen. Dieser fängt und wirft ebenso zurück.

Abb. 2

Abb. 3

5. Kurzpässe: Beide laufen nebeneinander und spielen den Ball mit dem Fuß direkt zum Partner (ohne Ballführen).

6. a) In der Luft: Einer wirft hoch zum Partner. Dieser soll im Sprung fangen und noch in der Luft zurückwerfen; Wechsel nach jeweils sechs Würfen.

6. b) Einhändig: Abb. 3; nach jeweils 6 Würfen die Hand wechseln.

7. Abschlußstaffel: Abb. 4; beide sitzen nebeneinander auf der Startlinie. Einer spurtet mit dem Ball zur Ziellinie und wieder zurück und übergibt den Ball dem sitzenden Partner. Dann dieser Pendellauf usw. *„Welches Paar hat zuerst sechs Durchgänge geschafft?"*

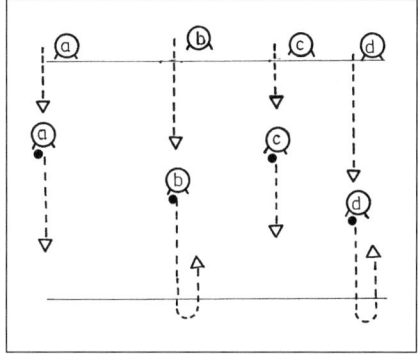

Abb. 4

Hohlball 33

Hinweis: Paare mit einem Ball verteilen sich gleichmäßig auf der Übungsfläche. Einer absolviert eine Übung ohne Ball. Sein Partner dribbelt, ohne dabei andere Übende zu stören, einmal (mehrmals) zu jeder Stirnwand. Danach Wechsel.
Bei den ersten vier Übungen wird mit einer Hand gedribbelt und nach jeder Wandberührung die Hand gewechselt.

1. Lockerung: Federn, dabei abwechselnd die Arme ausschütteln und Schulterrollen.

2. Armkreise: Mühlenschwingen im Grätschstand; langsam beginnen und immer schneller werden; beide Richtungen.

3. Hüpfen: Einbeiniges Hüpfen, dabei Arme und freies Bein ausschütteln.

4. Über Kreuz: Abb. 1; gleichzeitig den rechten Arm und das linke Bein gestreckt anheben und 10 Sek. hochhalten; dann ebenso gegengleich.

Bei den folgenden Übungen Ballführen mit dem Fuß.

5. Sit-up: Rückenlage; Hände in Nackenhalte und Knie gebeugt. Zuerst sechsmal gerade aufrichten, dann sechsmal rechter Ellbogen zum linken Knie und schließlich sechsmal gegengleich.

6. Im Schwebesitz: Sechsmal Beine grätschen und schließen, dann sechsmal anhocken und strecken. Zwei (drei) Serien ohne Absetzen. Dann Beine locker schütteln und erneut beginnen.

7. Hampelmann: Abb. 2; jeweils zwölf Sprünge, dann Lockerungspause; mehrere Wiederholungen.

Abb. 1

Abb. 2

8. Strecksprünge: Beidbeinig aus dem Hockstand springen, bei jeder Landung mit beiden Händen den Boden berühren.

9. Henne und Habicht mit Abwerfen: Abb. 3; 5–6 Spieler stehen im Kreis; im Innenraum umfassen drei (oder mehr) Spieler die Hüfte des Vordermannes. Der erste der Reihe darf den Ball mit den Händen abwehren. Die Außenspieler können beliebig abspielen und sollen versuchen, den letzten der Reihe abzuwerfen.

Abb. 3

Hohlball 34

Hinweis: Jeder zweite Teilnehmer hat einen Ball. Alle laufen „kreuz und quer". Wer einen Ball hat, dribbelt beliebig (Fuß, linke oder rechte Hand) und muß auf Zuruf sofort abstoppen. Alle ohne Ball suchen sich dann einen Partner mit Ball (jedesmal einen anderen) und beide absolvieren eine Partnerübung. Danach wechselt der Ballbesitz für den folgenden Durchgang.

1. Früh ausweichen: Beliebig laufen; alle achten darauf rechtzeitig auszuweichen. Auf Zuruf prellen die Ballbesitzer solange an Ort und Stelle weiter, bis jeder einen Partner hat.

2. Kniestand: Abb. 1; Abstand 3 m; mit einer Hand prellen. Zuerst möglichst genau, dann immer „schwieriger" und schneller.

3. Mit Ball hat Vorfahrt: Wieder laufen und dribbeln. Wer keinen Ball hat, muß jetzt schneller laufen und soll den Ballführenden erst im letzten Augenblick ausweichen. Bei Zuruf im Stand weiterprellen und auf einen Partner warten.

4. Sitz und Bauchlage: Abb. 2; 4 m Abstand; beidhändig werfen und fangen. Jeder muß im Strecksitz fangen, sich dann in die Bauchlage wälzen und werfen.

5. Enge Kreise: Wieder laufen und dribbeln. Wer keinen Ball hat, soll in hohem Tempo enge Kreise um möglichst viele Ballführende laufen. Bei Zuruf wieder an Ort und Stelle prellen.

6. Spiegelbild: Beide hüpfen auf einem Bein, der eine führt den Ball mit der Sohle des freien Fußes, der andere ahmt unmittelbar vor ihm

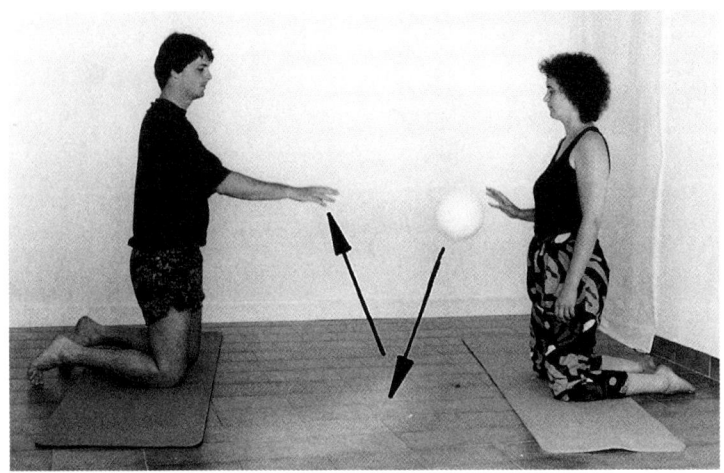

Abb. 1

Abb. 2

ohne Ball alle Bewegungen nach. Nach einigen Sprüngen Abspiel zum Partner und Wechsel des Sprungbeins. *"Welches Paar kann die Sprüngen völlig synchron und spiegelbildlich gleich ausführen?"* (Vor und zurück, nach links und rechts).

7. Ballsicherung: Laufen und Dribbeln. Wer keinen Ball hat, darf die Ballführenden mit den im Spiel erlaubten Mitteln stören.

8. Mit den Füßen werfen: Alle Paare beginnen nebeneinander an einer Stirnwand. Einer liegt auf dem Rücken mit den Füßen an der Wand und wirft den Ball mit den Füßen möglichst weit nach hinten (Abb. 3, Phase 1). Sein Partner fängt, legt sich genau an der Fangstelle auf den Rücken und wirft ebenso zum

Abb. 3

inzwischen vorausgelaufenen Partner (Phase 2). *"Welches Paar erreicht zuerst die andere Stirnwand?"*

Hohlball 35

Hinweis: Paare mit einem Ball. Ein Partner absolviert eine Laufübung, der andere übt mit Ball an Ort und Stelle; danach Rollentausch.

1. Wand berühren + vorher klatschen: Locker laufen, jede Wand einmal mit der Hand berühren.
Den Ball senkrecht hochwerfen und vor dem Auffangen vor und hinter dem Körper in die Hände klatschen. *„Gelingt dies mit zweimal klatschen?"*

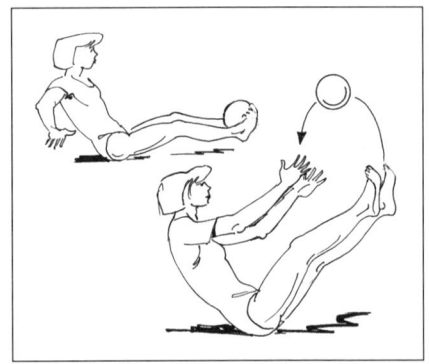

Abb. 1

2. Hopserlauf + mit den Füßen werfen: Wieder an jede Wand, diesmal im Hopserlauf.
Im Schwebesitz den Ball zwischen den Füßen festklemmen und hochwerfen. Zunächst mit den Händen fangen (Abb. 1), dann mit Füßen nicht nur werfen, sondern auch fangen.

3. Slalomlauf + Schwebesitz: Zweimal eng an den Übenden vorbei von einer Stirnwand zur anderen spurten.
Den Ball zwischen den Füßen einklemmen, mit gestreckten Beinen hochheben und in halber Höhe zwölfmal wippen (Abb. 2).

Abb. 2

4. Enge Kreise + Sit-up: Eng um zehn Übende herumlaufen und vor der Ablösung noch drei Kreise um den eigenen Partner.
Rückenlage, die Beine anwinkeln und den Ball zwischen den Knien festklemmen. Bei jedem Aufrichten mit der Stirn den Ball berühren.

5. Vier Pendelläufe + schnell umdrehen: Viermal schnell zwischen den Längswänden hin- und herlaufen (also 8 Wandberührungen).
Den Ball mit einer Hand über den Kopf nach hinten werfen, halbe Drehung und mit der anderen Hand auffangen; die Drehrichtung immer wieder ändern.

6. Zwei Pendelläufe + schnell aufstehen: Wieder von einer Längswand zur anderen spurten (4 Wandberührungen) ohne die Übenden zu stören;
Im Sitz den Ball senkrecht hochwerfen, schnell aufstehen und einmal mit dem Kopf hochspielen, dann wieder im Sitz auffangen.

7. Hüpfen + im Sprung fangen und prellen: Einmal an jede Wand, diesmal auf einem Bein hüpfen; hochspringen und „in der Luft" den Ball beidhändig steil aufprellen; sofort wieder springen und im Sprung auffangen. *„Wer schafft eine Sechserserie?"*

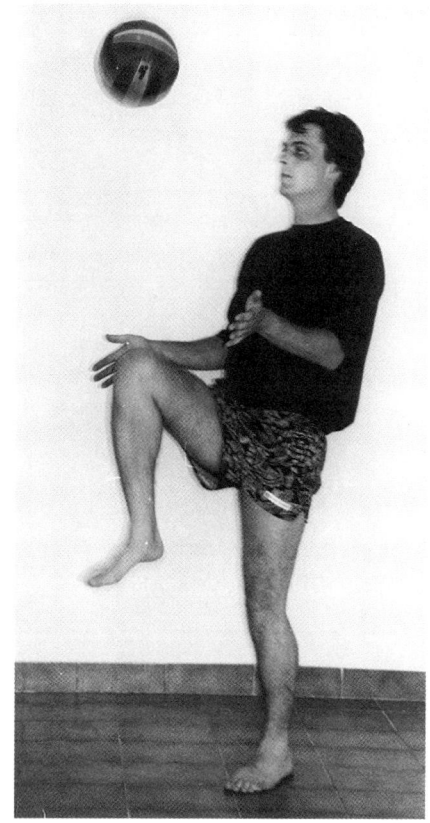

Abb. 3

8. Jonglieren: Den Ball mit dem Kopf und den Oberschenkeln in der Luft halten (Abb. 3); „Fliegender" Wechsel nach vier Ballberührungen. *„Welchem Paar gelingt die längste Serie ohne Fehler?"*

Hohlball 36

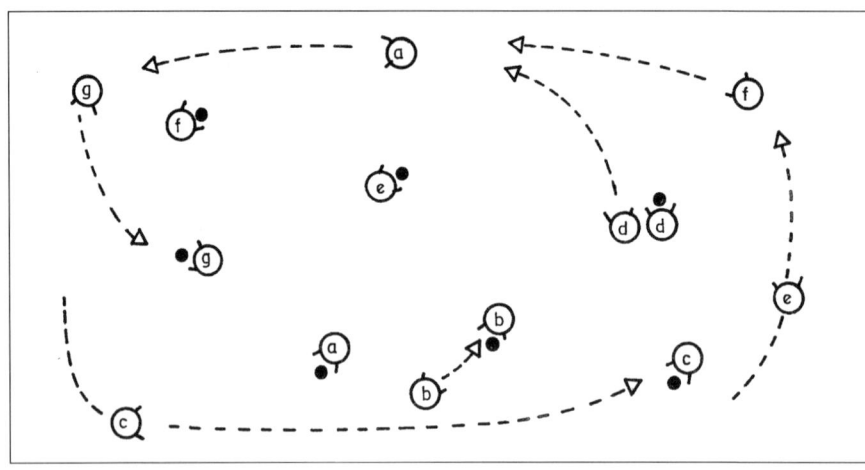

Abb. 1

Hinweis: Paare mit einem Ball. Einer übt mit dem Ball an Ort und Stelle, der andere läuft an der Wand entlang eine Hallenrunde und löst dann seinen Partner ab (Abb. 1). Die Ballübungen werden angesagt, für die Läufe soll jeder immer neue eigene Varianten finden.

1. Schnelle Drehung: Den Ball beidhändig kräftig aufprellen, ganze Drehung und auffangen. Jedesmal die Drehrichtung ändern.

2. Stand und Sitz im Wechsel: Den Ball beidhändig aufprellen, im Sitz auffangen (Abb. 2); dann im Grätschsitz aufprellen und im Stand auffangen.

3. Rückenlage und Stand im Wechsel: Aus der Rückenlage den Ball beidhändig hochstoßen und im Stand auffangen; dann so anwerfen, daß ein Fangen in der Rückenlage gelingt usw.

4. Jonglieren mit einem Unterarm: Den Ball möglichst oft mit der Innenseite des Unterarmes hochspielen (Abb. 3). Dasselbe mit dem schwächeren Arm.

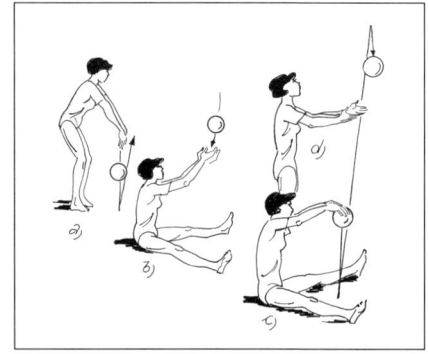

Abb. 2

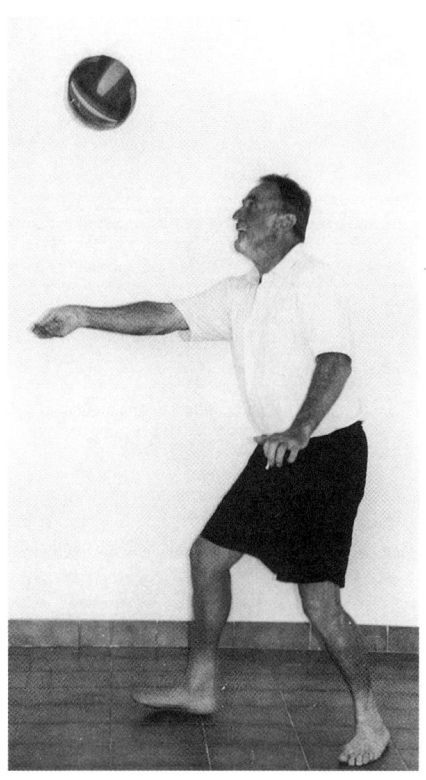

Abb. 3

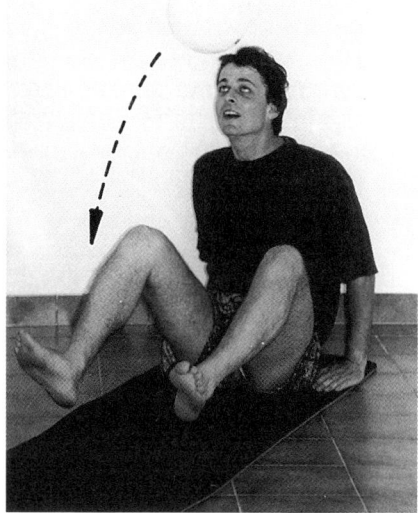

Abb. 4

5. Halbe Drehung in den Sitz: In der Rückenlage den Ball hochstoßen, zum Sitz aufrichten und vor dem Auffangen auf dem Gesäß um 180 Grad drehen. Dann wieder Rückenlage. Jedesmal die Drehrichtung ändern.

6. Füße und Kopf: Schwebesitz, den Ball zwischen den Füßen festklemmen und mit den Füßen zur Stirn werfen, Kopfstoß und mit den Händen auffangen. *„Wer kann so genau und dosiert köpfen, daß ein Auffangen mit den Füßen gelingt?"* (Abb. 4).

7. Schnell aufstehen: Den Ball im Sitz kräftig aufprellen, schnell aufstehen, im Sprung fangen und sofort in den Sitz abrollen.

8. „Abwerfen": Alle mit Ball dribbeln mit einer Hand, die andere bleibt auf dem Rücken. Jeder soll durch gezieltes Aufprellen (Bodenpaß) möglichst viele andere Teilnehmer treffen. Man darf nur den eigenen Ball verwenden. Wechsel nach zwei Minuten. *„Wer trifft am häufigsten?" „Wer erhält die wenigsten Treffer?"*

Hohlball

Hinweis: Jeder zweite Teilnehmer hat einen Ball. Laufübungen (1, 3 usw.) werden in angemessenen Abständen durch Zuruf abgebrochen. Es folgt jeweils eine Partnerübung an Ort und Stelle mit immer demselben etwa gleichgroßen Partner (2, 4 usw.).

1. **Immer zwölf Schritte:** Alle laufen „kreuz und quer". Den Ball zwölf Schritte weit tragen, dann ablegen; mindestens 12 Schritte ohne Ball weiterlaufen und danach irgendeinen anderen Ball aufnehmen.

2. **Rumpfdrehen:** Mit weitem Armschwung den Ball nach hinten reichen (Abb. 1). Langsam beginnen und immer schneller werden; beide Richtungen.

3. **Wechselhüpfen am Ball:** Die Bälle verteilt ablegen. Slalomlauf

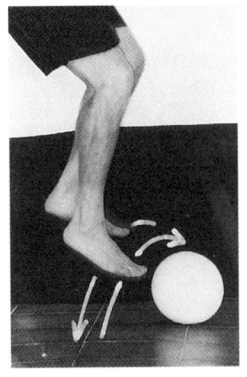

Abb. 2

und an jedem dritten Ball Wechselhüpfen; die Fußspitze soll dabei den Ball ganz leicht berühren (Abb. 2).

4. **Parallelverschiebung:** Einer im Strecksitz, der andere ihm gegenüber im Hocksitz, beide mit den Sohlen am Ball. Die Beine so anheben und beugen und strecken, daß sich der Ball immer in gleicher Höhe

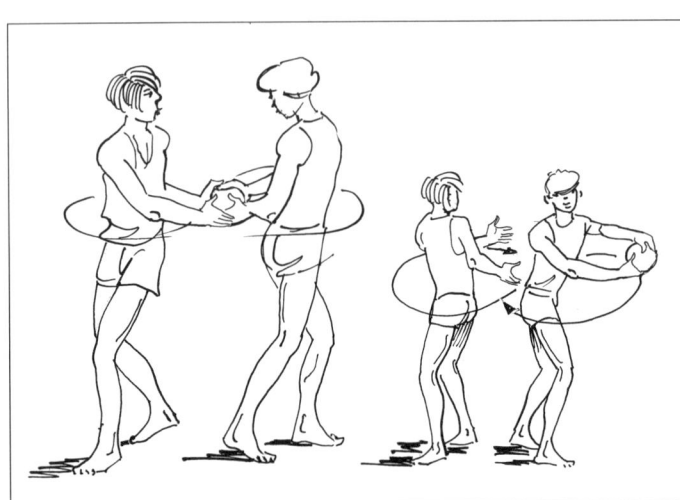

Abb. 1

dicht über dem Boden verschiebt.
„Gelingt die Übung mit den Armen in Seithalte?"

5. Freie Läufer suchen: Wieder laufen; den Ball etwa 5 m weit tragen und ihn dann irgendeinem Läufer ohne Ball in die Hand drücken.

6. Ball berühren: Beide in Rückenlage, die Beine angewinkelt und die Sohlen am Ball. Auf Zuruf (Pfiff) sich schnell aufrichten und den Ball mit den Fingerspitzen berühren. *„Wer ist schneller?"*

7. Finger weit spreizen: Beliebig gehen und dabei den Ball in Vorhalte auf einem Handrücken balancieren (die Finger weit spreizen). Alle Teilnehmer ohne Ball laufen enge Kreise um mindestens vier Ballträger und übernehmen vom fünften den Ball.

Abb. 3

8. Im Sprung: Abb. 3; den Ball mit den Füßen im Sprung zum Partner schleudern. Dieser fängt und wirft ebenso zurück.

9. Transportstaffel: Start hinter einer Seitenlinie (Abb. 4); möglichst schnell seitwärts zur anderen Wand und wieder zurück laufen. Wer den Ball verliert, scheidet aus.

Abb. 4

Hohlball 38

Hinweis: Paare mit einem Ball; Gassenaufstellung mit ca. 6 m Abstand. Nach jedem Abspiel um den Partner laufen (Abb. 1); dieser absolviert eine Ballübung und darf erst zurückwerfen, wenn der Läufer seinen Startplatz erreicht hat.

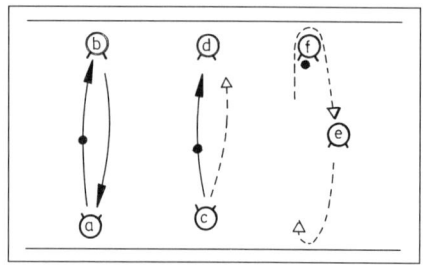

Abb. 1

1. Aufprellen: Den Ball beidhändig aufprellen und im Prellrhythmus federn. Brustpaß zum Partner, sobald dieser seinen Lauf beendet hat.

2. Abspiel im Sitzen: Im Hocksitz den Ball um den Körper prellen und im Sitz abspielen. Nach dem Lauf sich sofort wieder hinsetzen.

3. Von hinten werfen: Abb. 2; Grätschstand, den Ball um die Hüfte herumreichen (a). Zum Partner geworfen wird von hinten (b). Der Läufer muß jedesmal durch die Beine des Partners kriechen.

4. Bauchlage: Beidhändig prellen, dabei „kleiner werden" bis zur Bauchlage, abspielen und auf allen vieren um den Partner kriechen.

5. Beidbeinig hüpfen: Mit beiden Händen prellen, dabei Schlußsprünge im Prellrhythmus. Nach dem Abspiel beidbeiniges Hüpfen um den Partner.

6. Umsteigesprünge: Seitlich über den Ball springen; Absprung mit dem äußeren Bein, die Sohle des Innenfußes jedesmal über den Ball halten. Dieselben Umsteigesprünge beim „Lauf" um den Partner.

Abb. 2

7. Enge Wechsel: Bogenwurf (Abb. 3 a) und sofort dicht am Partner vorbeilaufen. Der Sitzende fängt und spielt schnell ab (Abb. 3 b). Ebenso in der Gegenrichtung; Wechsel nach acht Läufen.

8. Aufprellen: Einer prellt den Ball zweimal senkrecht auf und spurtet dann schnell zu einer Umkehrmarke. Der andere übernimmt den Ball und macht dasselbe. In einem zweiten Durchgang ebenso, jedoch nur einmal aufprellen und kürzere Laufstrecke.

Abb. 3

9. Nummernwettlauf: Gemäß Abb. 4 sitzen. Bei höherer Teilnehmerzahl zusätzliche Reihen einfügen oder zwei getrennte Gruppen bilden. Die Spieler sind numeriert, einer (Nr. 4) hat einen Ball. Beim Aufrufen einer Zahl starten alle betreffenden Spieler, holen sich den Ball und dribbeln im Uhrzeigersinn um die gesamte Gruppe auf ihren Platz zurück. Wer zuerst auf seinem Platz sitzt, erhält einen Punkt. Nun wird eine andere Zahl aufgerufen und der Ball vor dem Dribbling beim vorherigen Läufer abgeholt.

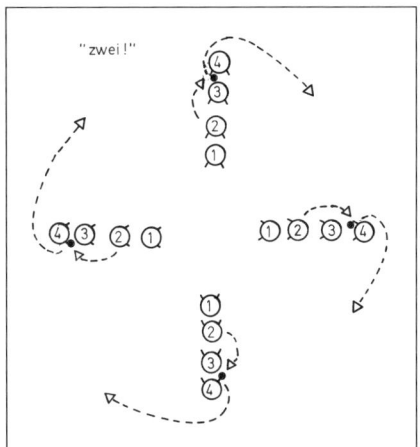

Abb. 4

Hohlball 39

Hinweis: Paare mit einem Ball; Aufstellung in einer Gasse (Abb. 1). Beide absolvieren zunächst eine Partnerübung (1, 3 usw.). Dann läuft jeweils ein Partner um die gesamte Gruppe und der andere übt allein an Ort und Stelle (2, 4 usw.).

5. Schnell aufstehen: Den Ball weich zum Partner werfen. Dieser erwartet den Wurf in der Bauchlage und steht zum Fangen schnell auf. Allmählich immer „schwieriger" werfen. Wechsel nach vier Versuchen.

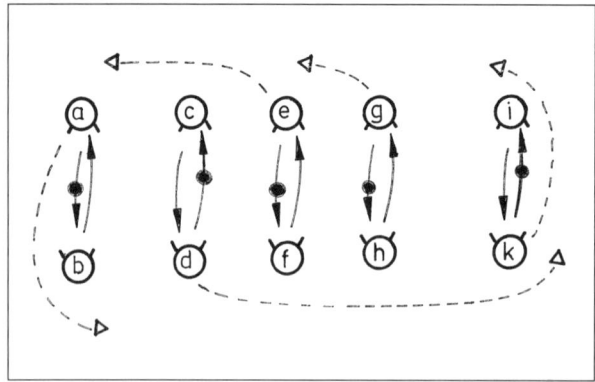

Abb. 1

1. Flachpässe: Den Ball mit dem Fuß abspielen; zunächst mit Anhalten, danach direkte Flachpässe.

2. Traben + Achterrollen: Drei Runden laufen. Achterrollen um die gegrätschten Beine.

3. Sit-up mit Kopfstoß: Abb. 2; Abstand 3 m; weiche Bogenwürfe zum Liegenden. Dieser schnellt im richtigen Augenblick hoch und köpft kraftvoll zurück. Wechsel nach 8 Versuchen.

4. Slalom + Niedrig prellen: Slalomlauf um alle Übenden. Im Grätschsitz den Ball um den Körper und über die Beine prellen.

Abb. 2

Abb. 3

6. Hopserlauf + Rückenlage: Hopserlauf um die Gruppe. Senkrecht hochwerfen und in der Rückenlage auffangen; dann in der Rückenlage hochstoßen und im Stand fangen.

7. Kopfstoß mit Raumgewinn: A beginnt im Kniestand, B wirft ihm den Ball aus 3 m Abstand weich zu. A kippt nach vorn in die Bauchlage und köpft dabei. B geht vor dem nächsten Zuwerfen jeweils einen Schritt zurück. A muß beim Aufrichten aus der Bauchlage schnell den ursprünglichen Abstand wiederherstellen und erneut zurückköpfen. Wechsel nach sechs Kopfstößen.

8. Hüpfen + Jonglieren: Einbeiniges Hüpfen um die Gruppe. Den Ball mit Unterarmen und Stirn in der Luft halten.

9. Abschlußstaffel: Pendellauf zwischen den Längswänden. Der Ball wird zwischen den Partnern festgeklemmt getragen: je zwei Bahnen Rücken an Rücken (Abb. 3), dann nebeneinander zwischen den Schultern und schließlich gegenüber mit der Stirn.

Hohlball 40

Hinweis: Paare mit einem Ball in Gassenaufstellung gemäß Abb. 1. Einer läuft dicht am Mittelmann vorbei von einer Seitenlinie zur anderen.

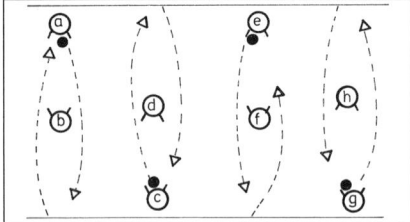

Abb. 1

1. Abspiel im Grätschsitz: Abb. 2; der Außenspieler wirft (Phase 1 a) und läuft. Der mittlere fängt und spielt den Ball sofort zurück (Phase 1 b). Er dreht sich schnell auf dem Gesäß und dasselbe spielt sich nun in der Gegenrichtung ab (Phase 2). Wechsel nach acht Läufen.

2. Immer steiler prellen: Der Außenspieler prellt den Ball mit einer Hand zum Mittelspieler. Dieser prellt im Sitzen ebenfalls mit einer Hand zurück. Bei jedem Abspiel nähert sich der äußere seinem Mittelmann um einen Schritt, wandert mit immer schnellerem Prellen an ihm vorbei und dann rückwärts zur Gegenseite. Danach Wechsel.

3. Dreimal in der Bauchlage: Von außen genaue Bogenwürfe, innen dreimal in der Bauchlage zurückwerfen (Abb. 3) und vor dem vierten Anspiel zum Sitz aufrichten. Nun läuft der äußere auf die Gegenseite und erhält ein Abspiel des Sitzenden (siehe 1). Dann ebenso in der Gegenrichtung; Wechsel nach vier Läufen.

4. Beide in Bauchlage: Sechsmal hin- und herrollen ohne mit den

Abb. 2

Abb. 3

Abb. 4

Armen den Boden zu berühren (Abb. 4). Dann schneller Seitenwechsel des Außenspielers und die Übung ebenso fortsetzen. Platzwechsel nach vier Läufen.

5. Rückenlage: Der Mittelmann liegt auf dem Rücken; der äußere wirft ihm den Ball von der Fußseite her zu, läuft schnell an ihm vorbei und erhält einen Kurzpaß vom Liegenden. Dieser dreht sich schnell auf dem Rücken in die Gegenrichtung und erhält sofort das nächste Zuspiel; Wechsel nach sechs Läufen.

6. Das Aufprellen zählt: Der Mittelmann hält den Ball hüfthoch in beiden Händen und beginnt plötzlich mit schnellem beidhändigem Prellen. Der äußere darf in diesem Augenblick auf seiner Seitenlinie starten und soll möglichst schnell in die Mitte laufen und den Partner berühren. *„Wer kann häufiger auftippen bzw. schneller laufen?"* Jeder hat drei Versuche.

7. Schnell reagieren: Der Mittelmann läßt den Ball plötzlich aus Kopfhöhe fallen. Der äußere startet in der Bauchlage und soll den Ball vor dem zweiten Aufprellen fangen; danach umgekehrt.

Hohlball 41

Hinweis: Jeder hat einen Ball und sucht sich einen etwa gleichgroßen Partner.

1. Beide Bälle gleichzeitig: A wirft beide Bälle gleichzeitig senkrecht hoch und fängt mit jeder Hand einen Ball auf. B läuft eine Runde (z. B. um das Volleyballfeld). Bei der Ablösung die Bälle nicht zureichen, sondern zuwerfen bzw. im Flug übernehmen.

2. Dribbeln erschwert: Jedes Paar klemmt einen Ball mit der Stirn fest und spielt sich den anderen mit den Füßen „klein-klein" zu.

3. Im Kniestand: A kniet und prellt mit jeder Hand einen Ball (synchron oder alternierend). B hüpft mit seitlichen Nachstellschritten sechsmal von der Endlinie zur Mittellinie und zurück; Ablösung wieder „fliegend", d. h. der übernehmende Partner prellt ohne Pause im gleichen Rhythmus weiter.

4. Sicherer Stand: Rücken an Rücken stehen und einen Ball im Nacken festklemmen; den anderen Ball zuerst unter einem hochgespreizten Bein durchführen und dann nach hinten dem Partner übergeben; dieser ebenso usw.

5. Hopserlauf: Jeder beginnt auf einer Endlinie, einer trägt beide Bälle. Wechselhüpfen zur Mittellinie, dort die Bälle übergeben bzw. übernehmen und rückwärts zurücklaufen.

6. Bälle gegeneinander: Abb. 1; mit gebeugten Armen die Bälle gegeneinanderpressen und hochstemmen, d. h. den Oberkörper „aufbäumen".

Abb. 1

7. „Paket": 3 m Abstand; beide Bälle zusammen zum Partner werfen. Dieser fängt und wirft zurück. *„Welches Paar kann den Abstand vergrößern, ohne Wurf- oder Fangfehler zu begehen?"*

8. Rumpfbeugen: Weiter Grätschsitz gegenüber, die Fußsohlen berühren sich. Jeder beugt sich weit vor und legt den Ball am rechten Fuß ab (und ausatmen). Dann den anderen Ball aufnehmen und hochhalten (sich aufrichten und einatmen).

9. Platzwechsel: Beide werfen den eigenen Ball gleichzeitig senkrecht hoch und fangen den des Partners auf. Den Abstand allmählich vergrößern.

10. Bälle nebeneinander: Wieder aus der Bauchlage aufbäumen; diesmal die Bälle in schulterbreitem oder noch größeren Abstand nebeneinander halten (Abb. 2).

11. Pendellauf seitwärts: Abb. 3; gleichzeitig rechts neben den Partner werfen und sofort den anderen Ball auffangen; dann ebenso links daneben. Immer schneller werfen und laufen.

Abb. 3

Abb. 2

Hohlball 42

Hinweis: Paarweise auf der ganzen Spielfläche verteilen (Abb. 1); ein Partner beginnt mit zwei Bällen die erste Ballübung (B), der andere läuft zu zwei oder mehr Markierungen (Wände, Markierungshüte o.ä.), erledigt eine Zusatzaufgabe (Z) und übernimmt danach die Bälle im Übungsrhythmus, also ohne Zureichen oder Festhalten.

hochwerfen und vor dem Auffangen halbe Drehung. (Z): Hopserlauf mit Beidarmschwung; Rumpfkreisen im Grätschstand.

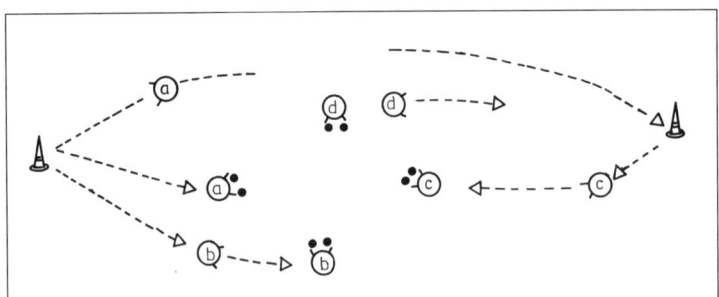

Abb. 1

1. Prellen und Werfen+Schultern und Fußgelenke:
(B): Einen Ball prellen, den zweiten mit der anderen Hand hochwerfen und fangen (Abb. 2); Rhythmus finden und variieren; Handwechsel. (Z): Lockerer Lauf mit Armkreisen; an den Umkehrpunkten Schulter- und Fußgelenkrollen in beiden Richtungen.

2. Schräg hochwerfen+Schultern und Hüfte:
(B): Beide Bälle gleichzeitig schräg seitwärts hochwerfen, nachlaufen und fangen, jedesmal drei Nachstellschritte nach rechts und nach links. Danach vorwärts

Abb. 2

3. Prellen+Knie und Schultern: (B): Abb. 3; zunächst mit beiden Händen synchron prellen, dann rechts niedrig und schnell, links hoch und langsam. (Z): Lauf mit Knieheben; Dehnübung für die Schultern an der Wand.

4. Tiefe Hocke+Beine: (B): Beide Bälle in der tiefen Hocke prellen, dabei acht kleine Schrittchen vorwärts. Dann im Stand weiterprellen und Beine ausschütteln. Im zweiten Durchgang wieder in der Hocke prellen und kleine Schlußsprünge seitwärts, vorwärts und rückwärts. (Z): Seitgalopp mit halben Drehungen; Dehnübungen für Waden und Oberschenkel an einer Umkehrmarke.

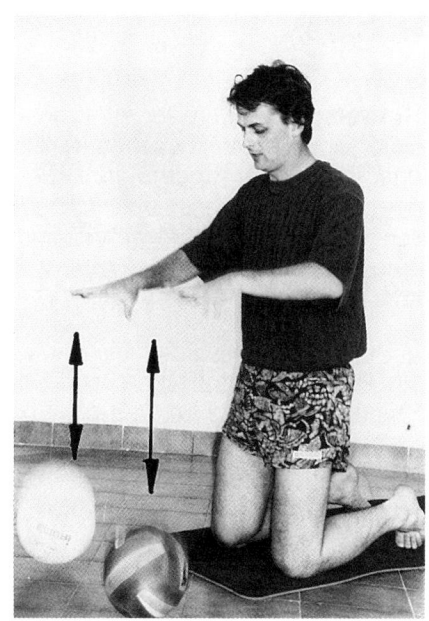

Abb. 3

5. Gleichgewicht+Beine und Rumpf: (B): Schwebesitz, einen Ball auf den Unterschenkeln ablegen und vor- und zurückrollen lassen, den anderen Ball zweimal um den Oberkörper herumreichen. Beim zweiten Durchgang den Ball im Schwebesitz mit einer Hand unter den Beinen hin- und herrollen; mit der anderen Hand den zweiten Ball niedrig prellen. (Z): Lauf mit Knieheben, bei jedem dritten Schritt unter dem Oberschenkel in die Hände klatschen. Dehnübung für den Rumpf.

6. Schnell reagieren: Abb. 4; plötzlich einen Ball fallen lassen. Der Partner soll den Ball auffangen, ehe er aufspringt. Rollentausch nach 6 Versuchen.

Abb. 4

Hohlball 43

Hinweis: Paare, jeder hat einen Ball. Einer prellt zunächst an Ort und Stelle, der andere in Bewegung. Dann Wechsel und schließlich absolvieren beide gemeinsam eine Geschicklichkeitsaufgabe (2, 4 usw.).

1. Beliebig prellen: Einer im Stand, der andere im Lauf beliebig prellen. Die Läufer dürfen weder die stationär Dribbelnden noch andere Läufer stören. Auf Zuruf Wechsel.

Abb. 1

2. Gleichzeitig mit rechts: Abstand vom Partner 2 m. Beide prellen ihren Ball mit der rechten Hand zum Partner. Gefangen wird mit beiden Händen. Dasselbe auf der anderen Seite, also mit der linken Hand links vorbei prellen. Jeweils das Tempo steigern.

3. Rollen und Slalom: Einer im Grätschstand Achterrollen um die Füße; der andere Slalomdribbeln um die Übenden. Auf Zuruf Wechsel.

4. Beide Bälle gleichzeitig: Abb. 1; beide Bälle nebeneinander zum Partner prellen. Dieser soll nicht auffangen, sondern sofort zurückprellen. *„Welches Paar kann am häufigsten prellen?"*

5. Hochwerfen und prellen: Beide Bälle senkrecht anwerfen und dann aus der Luft als „Paket" zum Partner prellen. Dieser soll frei auffangen (mit jeder Hand einen Ball) und ebenso zurückspielen.

6. Um den Körper: Abb. 2; im Schwebesitz den Ball um den Körper rollen; mehrmals in beiden Richtungen. Der Partner dribbelt zu beiden Stirnwänden und löst dann den Sitzenden ab.

7. Treffen und fangen: Abb. 3; b wirft nahe an der Wand senkrecht hoch; a versucht den fliegenden Ball zu treffen. Beide sollen ihren Ball auffangen. Wechsel nach acht Würfen. *„Welches Paar erzielt zwei Treffer, ehe ein Ball auf den Boden fällt?"*

8. Schwarz und Weiß: Aufstellung gemäß Abb. 4; jede Gruppe dribbelt an ihrer Linie und beobachtet den Trainer. Dieser gibt plötzlich mit ei-

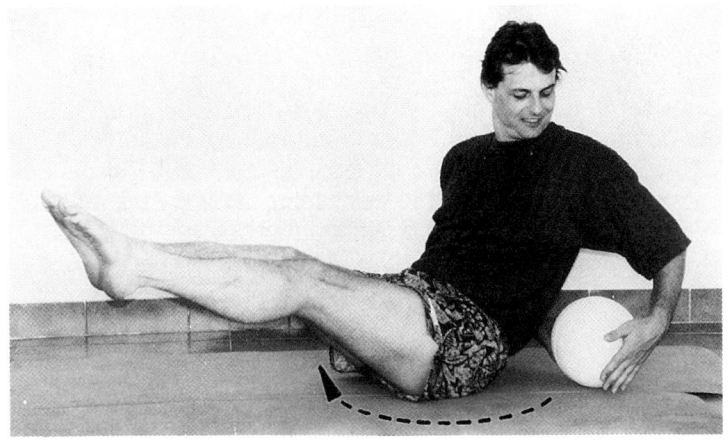

Abb. 2

nem Zeichen (z. B. einen Arm ausstrecken) eine Richtung an (Abb. 4 siehe Pfeil). Alle fliehen sofort in der angegebenen Richtung bzw. versuchen, einen der Flüchtenden vor Erreichen des Freiraums (z. B. Endlinie des Volleyballfeldes) abzuschlagen.

Abb. 3

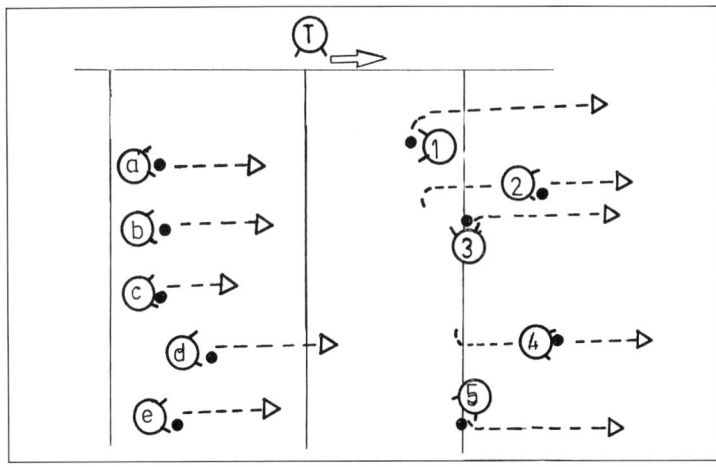

Abb. 4

Hohlball 44

Hinweis: Paarweise; Jeder hat einen Ball. Partnerübungen im Laufen (1, 3 usw.) abwechselnd mit solchen an Ort und Stelle (2, 4 usw.).

4. Unten durch: Jeder prellt seinen Ball kräftig senkrecht auf und soll möglichst oft unter dem Ball die Seite wechseln). *„Wer kommt mehr als dreimal unten durch?"*

Abb. 1

1. Gleiche Richtung: Hand in Hand mit dem Partner laufen und mit der äußeren Hand prellen.

2. Hinten auffangen: Beide werfen ihren Ball gleichzeitig senkrecht hoch, laufen unter den Ball des Partners und fangen ihn mit beiden Händen hinter dem Rücken auf.

3. Wieder gemeinsam: Erneut mit Handfassen, jetzt dribbelt einer mit dem Fuß, der andere mit der Hand (Abb. 1); Wechsel bei jedem Fehler.

5. Ein Ball rollt: Die Bälle tragen und Hand in Hand laufen. Einer rollt seinen Ball voraus und nimmt ihn im Lauf mit einer Hand wieder auf; dann rollt der andere seinen Ball usw.

6. Um den Partner: Einer prellt beide Bälle und umrundet dabei seinen Partner. Dieser macht sechs Strecksprünge und sechs Sit-ups (aus der Rückenlage mit gebeugten Beinen in den Sitz aufrichten). Danach Rollentausch, ohne den Prellrhythmus zu unterbrechen.

7. Beide Bälle fliegen: Abb. 2; Abstand 4 m. Beide Bälle fliegen als „Paket" zum Partner. Dieser soll frei fangen und sofort zurückwerfen. „Welches Paar kann die Bälle „überkreuz" zuwerfen?" (d.h. den einen Ball mit rechts in die rechte Hand des Partners, den anderen gleichzeitig mit links nach links).

Abb. 2

Abb. 3

8. Den anderen Ball fangen: Abb. 3; gleichzeitig senkrecht hochwerfen und sofort den Ball des Partners auffangen. Den Abstand vergrößern oder weniger hoch anwerfen, damit das Auffangen immer schwieriger wird.

9. Reaktionstest: Anfangsabstand 3 m; einer hält beide Bälle in der Vorhalte und läßt sie plötzlich fallen. Der Partner beginnt in der Startstellung und soll beide Bälle auffangen, ehe sie zum zweitenmal aufprellen. Den Abstand vergrößern, das Fangen soll immer schwieriger werden.

Hohlball 45

Hinweis: Paare, jeder hat einen Ball. Verfolgungsdribbeln in wechselnden Varianten. Auf Zuruf Partnerübungen an Ort und Stelle mit immer neuen Partnern.

1. Hintereinander: Beide dribbeln mit einer Hand, ein Partner folgt dem anderen wie ein Schatten. Auf entsprechende Zurufe sind ein Führungswechsel oder ein allgemeiner Partnerwechsel vorzunehmen.

3. Vordermann mit links: Verfolgungsdribbeln mit einem neuen Partner, diesmal muß der Vordermann mit der schwächeren Hand prellen.

4. Rascher Wechsel: Einer wirft beide Bälle als „Paket" hoch (Abb. 1), der andere soll mit jeder Hand einen Ball auffangen und beide sofort wieder hochwerfen. Immer niedriger anwerfen bzw. immer schneller wechseln.

Abb. 1

2. Rechts werfen: Abstand 5 m. Beide werfen ihren Ball gleichzeitig mit der rechten Hand zum Partner. Gefangen wird zunächst beidhändig, dann ausschließlich mit der linken Hand.

5. Vorne „Fußball": Wieder Schattenlaufen mit einem neuen Partner. Der Vordermann führt seinen Ball mit dem Fuß, der Verfolger darf mit der Hand dribbeln (Abb. 2).

Abb. 2

Abb. 3

6. Umdrehen und fangen: Einer prellt hinter seinem Partner beide Bälle kräftig auf. Dieser darf sich erst beim Aufprallgeräusch (einem gleichzeitigen Zuruf) umdrehen (Abb. 3) und soll vor dem zweiten Aufprellen mit jeder Hand einen Ball auffangen. *„Gelingt die Übung wenn der Fänger im Hocksitz beginnt?"*

7. Beide mit dem Fuß: Verfolgungsdribbeln, beide führen den Ball mit dem Fuß.

8. Genau gleich oft: Einer prellt beide Bälle sechsmal auf. Dann „fliegender Wechsel" und der Partner prellt sechsmal im gleichen Rhythmus weiter. Danach wieder der erste mit fünfmal prellen usw. Nach jedem Wechsel ein Prellen weniger und zuletzt möglichst lange mit direktem Wechsel.

9. Einbeinig: Verfolgungsdribbeln, beide prellen mit der Hand und hüpfen auf einem Bein.

10. „Schön zuwerfen": Mit festgelegtem Abstand die beiden Bälle möglichst oft als „Paket" (siehe Abb. 1) hin- und herwerfen.

Hohlball   46

Hinweis: Jeder hat einen Ball. Mit vielen Richtungswechseln „kreuz und quer" laufen und den Ball beliebig führen. Auf Zuruf sucht sich jeder einen Partner für eine Wurfübung an Ort und Stelle. Danach wieder laufen; den Ball nach jeder Unterbrechung auf eine andere Art und Weise führen.

5. Platzwechsel nach Aufprellen: Abstand 4 m; beide prellen ihren Ball gleichzeitig senkrecht auf (Abb. 2) und sollen den Ball des Partners vor dem zweiten Aufprellen fangen. Allmählich den Abstand vergrößern oder den Ball nicht mehr aufprellen, sondern nur fallen lassen.

Abb. 1

1. Ein Ball indirekt: Gleichzeitig werfen und fangen; ein Ball wird immer als Bodenpaß gespielt, der andere direkt zum Partner geworfen.

2. Ein Ball rollt: Der eine Ball wird gerollt, der andere flach geworfen.

3. Einen Ball mit dem Fuß: Einen Ball mit Brustpaß, den anderen mit dem Fuß abspielen (Abb. 1).

4. Alles im Hüpfen: Beide werfen gleichzeitig und müssen ununterbrochen auf einem Bein hüpfen. Beinwechsel nach sechs Würfen. *„Gelingt das Werfen und Fangen mit einer Hand?"*

6. Aufstehen und fangen: Beide im Sitz 4 m voreinander. Den Ball senkrecht hochwerfen, schnell aufstehen und den Ball des Partners fangen. *„Kann der Platzwechsel so schnell erfolgen, daß beide schon beim Fangen wieder sitzen?"*

7. Immer schräger: Beide stehen Rücken an Rücken aneinander gelehnt und prellen mit einer Hand; nun setzt jeder die Füße vorsichtig immer weiter nach vorn und lehnt immer schwerer und schräger am Partner. *„Welches Paar kann – ohne den Druck zu mindern – sich beim Dribbeln hinsetzen und wieder aufstehen?"*

Abb. 2

8. Beide Bauchlage: Abstand 3 m; der eine rollt den Ball, der andere wirft über den anrollenden Ball (Abb. 3). Wechsel nach acht Würfen.

9. Spiegelbild: Ein Partner muß den anderen möglichst genau imitieren. Dieser variiert das Prellen und darf sich auch wenige Schritte in alle Richtungen bewegen. Wechsel auf Zuruf.

10. Jeder gegen jeden: Alle prellen mit einer Hand und sollen mit dem Fuß den Ball anderer Teilnehmer wegspielen ohne dabei den eigenen Ball zu verlieren.

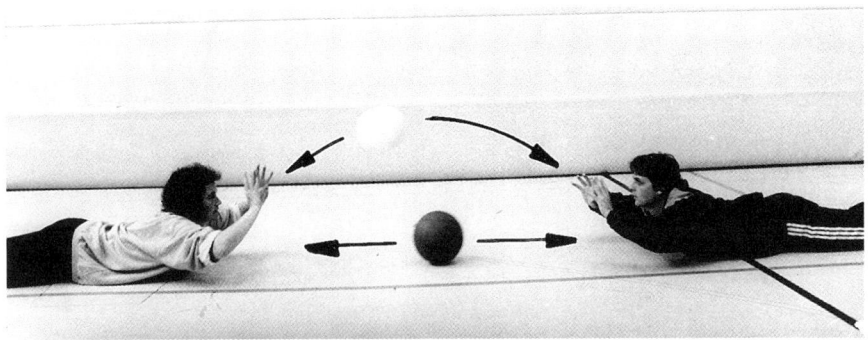

Abb. 3

Hohlball 47

Hinweis: Paarweise in Gassenaufstellung (z. B. entlang den Längswänden); jeder mit Ball. Beide starten gleichzeitig, laufen in die Mitte, dort eng um den Partner herum und

3. Mit Balltausch: Genau wie bei der ersten Übung prellen und laufen, jetzt aber Balltausch am Umkehrpunkt.

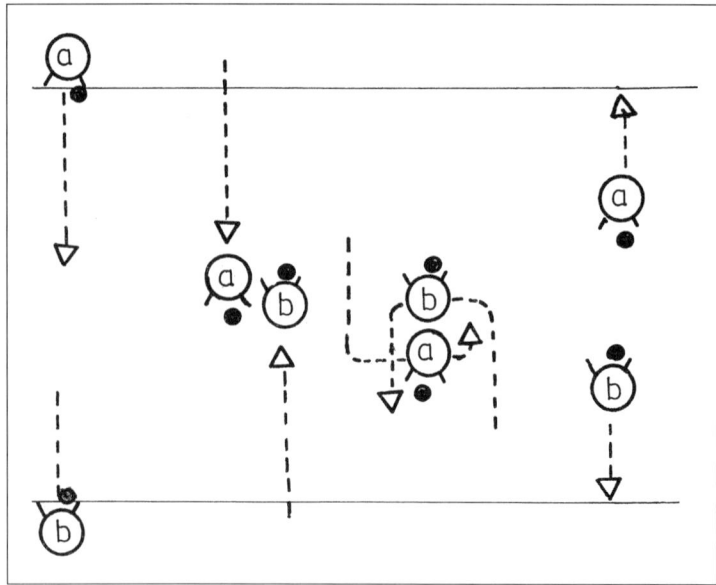

Abb. 1

gleich wieder rückwärts auf den Startplatz zurück (Abb. 1). Nach einigen Wiederholungen folgt eine gemeinsame Wurfübung (2, 4 usw.).

1. Mit einer Hand prellen: Den Ball beim Vorwärtslaufen mit der einen Hand prellen, auf dem Rückweg mit der anderen.

2. Einer rollt: Abb. 2; Abstand 8 m; einer rollt den Ball, der andere mit „Hakenwurf".

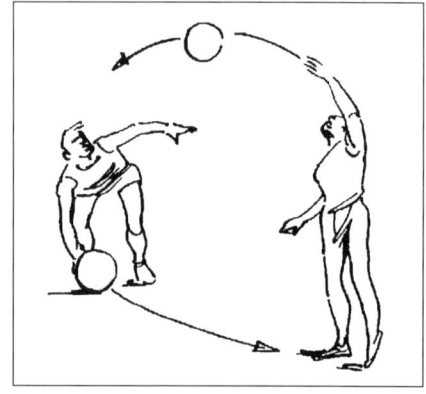

Abb. 2

4. Einer indirekt: Gleichzeitig den Ball zum Partner werfen, einer mit Bodenpaß, der andere direkt (Abb. 3).

5. Schlußsprünge: Beidhändig prellen und beidbeinig hüpfen; wieder um den Partner herum und nach Balltausch rückwärts zurück.

Abb. 3

Abb. 4

6. Einer wirft flach: Gleichzeitig werfen, einer flach, der andere im Bogen.

7. Ballführen mit der Sohle: Auf einem Bein hüpfen, dabei den Ball mit der Sohle rollen (Abb. 4); Balltausch ohne das Hüpfen zu unterbrechen und auf dem anderen Fuß rückwärts zurückhüpfen.

8. Start in der Bauchlage: In der Bauchlage den Ball zum Partner rollen, im Aufstehen den anrollenden Ball aufnehmen und um den Partner zum Startplatz zurückdribbeln. Sofort wieder Bauchlage usw.

9. Senkrecht prellen: Auf Zuruf prellen alle gleichzeitig ihren Ball senkrecht auf und fangen sofort den Ball des rechten Nebenmannes; für die rechten Flügelleute der Gasse bedeutet dies einen schnellen Start auf die Gegenseite. Die Zurufe folgen immer rascher aufeinander.

Hohlball 48

Hinweis: Paarweise in Gassenaufstellung (z. B. auf den Seitenlinien gegenüber); jeder hat einen Ball. Beide laufen gleichzeitig auf den Platz des Partners und wieder auf den Startplatz zurück (Abb. 1). Nach einigen Wiederholungen werden Wurfübungen zur aktiven Erholung dazwischengeschaltet (2, 4 usw.).

1. Dicht vorbei: Den Ball mit einer Hand prellen und nahe am Partner vorbei die Seite wechseln. Auf dem Rückweg mit der anderen Hand prellen. Den Ball immer außen führen.

2. Gleichzeitig rollen: Bauchlage in 3 m Abstand. Beide rollen ihren Ball gleichzeitig zum Partner, zuerst mit der rechten Hand rechts vorbei (Abb. 2), dann ebenso links.

3. Balltausch: Wieder Platzwechsel mit einhändigem Prellen; im Vorbeilaufen und ohne abzubremsen den Ball des Partners übernehmen.

4. Einer flacher: Gleichzeitig den Ball zum Partner werfen; einer flach mit Brustpaß, der andere höher mit Outeinwurf (Abb. 3).

5. Seitgalopp: Mit seitlichen Nachstellschritten dicht am Partner vorbei auf die Gegenseite; einmal mit dem Rücken, dann mit dem Gesicht zueinander.

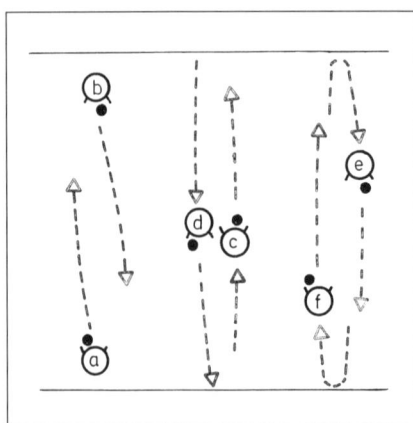

Abb. 1

Abb. 2

Abb. 3

6. Durch die Beine: Abb. 4; gleichzeitig werfen, sich schnell umdrehen und den Ball des Partners auffangen.

Abb. 4

7. Mit der Sohle: Auf einem Bein zur Gegenseite hüpfen, dabei den Ball mit der Sohle führen; beim Rückweg auf dem anderen Fuß rückwärts hüpfen. Jedesmal Balltausch in der Mitte, ohne das Hüpfen zu unterbrechen.

8. Platzwechsel und Sprungwurf: Schnell auf die Gegenseite dribbeln, sich sofort umdrehen und im Sprung einen Aufsetzer zum Partner werfen. Den anderen Ball fangen, sofort erneuter Seitenwechsel und wieder Sprungwurf.

9. Im Lauf mitnehmen: In der Bauchlage den Ball zum Partner rollen, schnell aufstehen, den anderen Ball mit dem Fuß unter Kontrolle bringen und zum Platz des Partners „mitnehmen". Dort wieder Bauchlage usw.

10. Alle synchron: Sechs Teilnehmer stehen im Kreis. Alle prellen beidhändig im gleichen Rhythmus. Auf Zuruf wechselt jeder zum Ball des rechten Nebenmannes und nimmt dort sofort den Prellrhythmus wieder auf. *„Gelingt die Übung auch ohne Zuruf?"* (z. B. Platzwechsel bei jedem vierten Aufprellen).

Hohlball 49

Hinweise: Jeder hat einen Ball. Vier Schwedenbänke stehen gemäß Abb. 1 in 4 m Abstand nebeneinander. Vor jeder Bank beginnen gleichviele Teilnehmer. Jeder muß einen festgelegten Weg über alle Bänke zurücklegen (Abb. 1.) Nach jeder (jeder zweiten) „Runde" wird eine Geschicklichkeitsübung eingeschoben (2, 4, 6 usw.).

1. Auf der Bank gehen: Alle prellen mit einer Hand. Über die Bank gehen und den Ball neben der Bank aufprellen. Dann hinter dem letzten der Nachbargruppe anschließen. Ebenso über die zweite Bank usw., bis der Startplatz wieder erreicht ist (Laufweg siehe Abb. 1).

2. Aufprellen: Einen Platz etwa 3 m von einer Bank entfernt suchen. Den Ball zweimal senkrecht aufprellen, dann schnell an die Bank und wieder zurücklaufen. Erneut zweimal prellen usw. *„Wer schafft die Übung mit einmal Aufprellen?"*

3. Auf der Bank prellen: Gleicher Laufweg wie bei 1; jetzt neben der Bank laufen und den Ball auf der Bankfläche prellen.

4. Anwerfen: Wieder 3 m von einer Bank entfernt stehen (siehe 2). Den Ball senkrecht hochwerfen, die Bank berühren und den Ball wieder auffangen.

5. Zick-Zack über die Bank: mit einer Hand prellen und dabei jede Bank viermal überqueren.

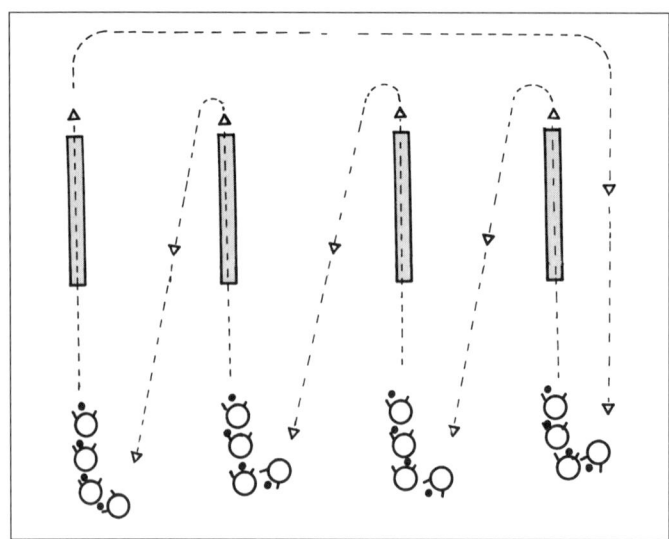

Abb. 1

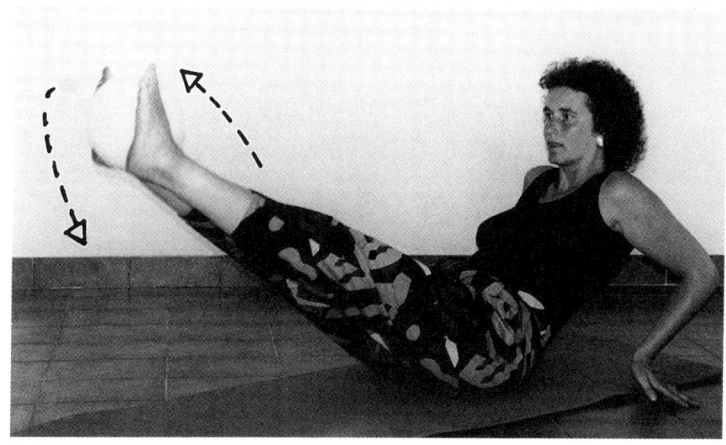

Abb. 2

6. Großer Kreis: Abb. 2; mit dem Ball einen möglichst großen Kreis beschreiben. Sechsmal in beiden Richtungen. *„Wer kann seinen Namen in die Luft schreiben?"*

7. Grätschstand über der Bank: Den Ball mit beiden Händen auf der Bank prellen und mit kleinen Grätschsprüngen vorwärts hüpfen.

8. Wälzen und fangen: Abb. 3; einen freien Platz suchen, in der Rückenlage den Ball hochstoßen, sich schnell um die Körperlängsachse wälzen und den Ball auffangen; dann ebenso in der Gegenrichtung.

9. Synchronlauf über die vier Bänke: Es wird nun längs gelaufen, d. h. von einer Stirnwand zur anderen. Jeweils drei starten gleichzeitig auf der Endlinie. Sie sollen mit einer Hand prellen, nebeneinander laufen und gleichzeitig die Bänke überspringen. *„Welche Gruppe schafft einen völlig synchronen Lauf?"*

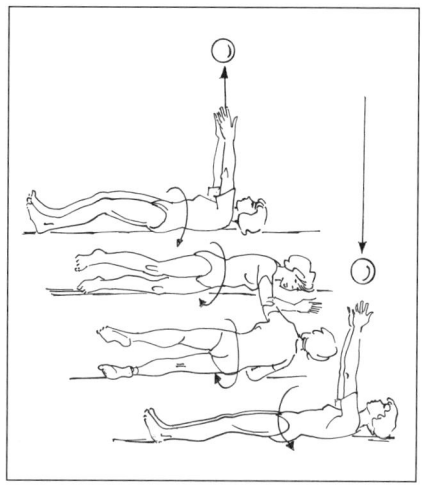

Abb. 3

Hohlball 50

Hinweis: Jeder hat einen Ball und dribbelt auf den Spielfeldmarkierungen. Bei „Gegenverkehr" müssen alle, die aus einer vorher festgelegten Richtung kommen, rechts ausweichen und anschließend wieder auf die Linie zurückdribbeln. Auf Zuruf wird eine Übung im Stand ausgeführt (2, 4 usw.) und danach andersartig weitergedribbelt.

1. Füße auf der Linie: Genau auf einer Linie gehen und mit einer Hand dribbeln. Nach jedem Ausweichmanöver Handwechsel.

2. Von einer Hand in die andere: Arme in Seithalte; den Ball aus einer Hand über Arme und Brust bis zur anderen Hand rollen lassen.

3. Ball auf der Linie: Wieder mit einer Hand dribbeln; diesmal soll nicht der Spieler, sondern der Ball genau auf der Linie bleiben.

4. Im Nacken rollen: Abb. 1; weiter Grätschstand, Rumpf waagerecht und den Ball in den Nacken legen. Die Schultern hochdrücken und den Ball in der Rinne zwischen den Schulterblättern vor- und zurückrollen lassen.

5. Über den Ankommenden: Wieder mit einer Hand auf den Linien dribbeln. Wer bisher ausweichen mußte, prellt nun ganz niedrig in der Bauchlage (Abb. 2). Der andere wartet zunächst und prellt dann seinen Ball hoch darüber.

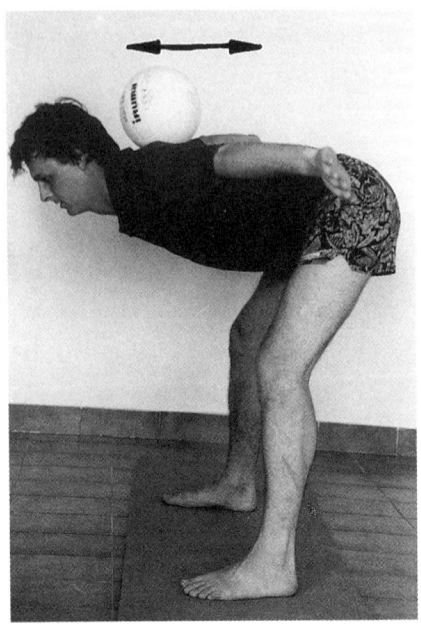

Abb. 1

Abb. 2

6. Mit Ball überkreuzen: Im Schwebesitz den Ball zwischen die Füße klemmen und die Beine so verschränken, daß der Ball vom Innen- zum Außenrist dreht; mehrfach in beiden Richtungen, ohne den Ball zu verlieren.

7. Fußballdribbling: Auf den Linien Ballführen mit dem Fuß; dicht am Ball bleiben und zum Ausweichen abstoppen.

8. Griffwechsel: Die linke Hand hält von hinten, die rechte von vorn (Abb. 3); schnell umgreifen: rechts von hinten und links von vorn (Abb. 4). Immer schnellerer Griffwechsel ohne den Ball fallenzulassen.

9. „Abschlagen" mit dem Ball: Gleichviele Teilnehmer dribbeln in jeder Hallenhälfte. Jede Gruppe schickt einen Jäger ins Gegenfeld. Er darf seinen Ball tragen und soll möglichst schnell drei Spieler der Gegenmannschaft mit seinem Ball antippen (nicht werfen). Wer beim Dribbeln seinen Ball verliert oder das Spielfeld verläßt, gilt als abgeschlagen. Jeder ist einmal Jäger.

Abb. 3

Abb. 4

Hohlball 51

Hinweis: Paare mit einem Ball. Sie laufen von „ihrer" Wand zur gegenüberliegenden, absolvieren dort eine Übung (Abb. 1) und kehren zum Startplatz zurück. Auf einem Weg führt der eine den Ball, auf dem Rückweg der andere. Bei kleinen Gruppen wird an den Stirnwänden begonnen, bei großen Gruppen pendeln die Paare zwischen den Längswänden und laufen jeweils mehrmals.

hoch dagegen und steht schnell auf; B fängt, setzt sich genau an der Fangstelle hin und wirft ebenfalls usw.

3. Im Sitzen auffangen: Diesmal im Stand so exakt werfen, daß der Partner im Sitz (Abb. 2) oder im Abrollen auffangen kann.

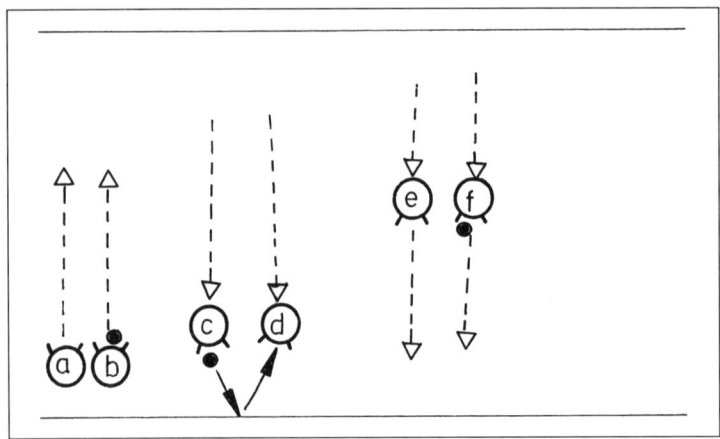

Abb. 1

1. Mit einer Hand: Aus kurzem Abstand abwechselnd gegen die Wand prellen. Zunächst hoch genug und „passend", dann „schwieriger", d. h. so, daß der Partner den Ball nur mit Mühe erreichen und sofort zurückprellen kann.

2. An der Fangstelle hinsetzen: A sitzt etwa 4 m vor der Wand, wirft

Abb. 2

4. Vor dem Fangen unten durch: Beide stehen dicht hintereinander etwa 4 m vor der Wand. Der Vordermann wirft im Grätschstand, sein Partner kriecht im gleichen Augenblick unter seinen Beinen durch und soll den Ball auffangen; dann Wechsel. die Wand und der andere fängt; danach Wechsel. Das Fangen wird nach jeder Serie schwieriger: Zuerst sitzt der Fänger vor dem Werfer; bei der zweiten Serie liegt er auf dem Bauch mit dem Gesicht zur Wand und zuletzt mit den Füßen zur Wand. Er darf immer erst beim Wurf

Abb. 3

5. Sprungwürfe: Aus etwa 6 m Entfernung anlaufen und im Sprung kräftig gegen die Wand werfen (Abb. 3). Der Partner fängt und macht ebenfalls einen Sprungwurf. Nach jedem Wurf schnell auf die Startlinie zurückgehen.

6. Um den Partner: Der Werfer steht etwa 4 m vor der Wand, sein Partner sitzt dicht hinter ihm; Aufsetzer gegen die Wand werfen, schnell um den Sitzenden herumlaufen und auffangen (Abb. 4); Wechsel nach sechs Würfen.

7. Geschicklichkeitsdreikampf: Einer wirft je drei Aufsetzer gegen

aufstehen. Bei Fangfehlern müssen beide von vorn beginnen.

Abb. 4

Hohlball 52

Hinweis: Jeder hat einen Ball. Alle dribbeln in der ganzen Halle „kreuz und quer". Das Laufen wird durch Geschicklichkeitsübungen an Ort und Stelle unterbrochen. Danach wieder Laufen und Ballführen auf einer immer engeren Spielfläche.

1. **Fußball:** Ballführen mit dem Fuß; nahe am Ball bleiben, viele Richtungsänderungen.

2. **Hand um den Ball:** Einen Arm in Vorhalte, der Ball liegt auf dem Handrücken. Die Hand um den Ball herumschwingen und ihn sofort wieder auf dem Handrücken auffangen. In beiden Richtungen und immer schneller. *„Wer schafft es mit der schwächeren Hand?"*

3. **Hand – Kopf:** Den Ball mit einer Hand hochwerfen, Kopfstoß und mit der anderen Hand auffangen (Abb. 1).

4. **Kleineres Feld:** Nur noch im Volleyballfeld: mit einer Hand dribbeln, Raumgewinn anstreben aber keine Zusammenstöße verursachen.

5. **Über den Arm werfen:** Einen Arm gestreckt in Vorhalte; den Ball fortgesetzt mit der anderen Hand über diesen Arm hin- und herwerfen; auf einer Seite „unten durch" fangen und werfen.

6. **Schwebesitz und Liegestütz:** Im Schwebesitz den Ball sechsmal um die Beine herumreichen (Abb. 2). Danach im einarmigen Liegestütz den Ball um die Stützhand herumrollen. Dasselbe in der anderen Richtung und mit der anderen Hand.

7. **Noch enger:** Alle in einer Spielfeldhälfte (9 x 9 m); auf einem Bein hüpfen und den Ball mit der Fußsohle des Spielbeines bewegen; andere umspielen, freie Räume suchen.

8. **Beides in der Luft:** Den Ball im Sprung senkrecht aufprellen und zum Fangen sofort wieder hochspringen (Abb. 3).

Abb. 1

Abb. 2

9. Arme und Kopf: Den Ball mit beiden Unterarmen und mit dem Kopf jonglieren.

10. Jeder gegen Jeden: Nun in einem Drittel des Volleyballfeldes (6 x 9 m). Alle dribbeln mit einer Hand und versuchen – ohne den eigenen Ball zu verlieren – den von anderen regelgemäß wegzuspielen. Wer seinen Ball verloren hat, muß außerhalb des Feldes weiterdribbeln und darf von dort aus eingreifen.

Abb. 3

Hohlball 53

Hinweis: In jeder Hallenhälfte zwei etwa gleichgroße Gruppen (Abb. 1). Jeder Teilnehmer hat einen Ball. Laufintensive Wettbewerbe wechseln mit Dehnungs- und Kräftigungsübungen.

2. Jonglieren: Den Ball in der Luft halten. Erlaubt sind Oberschenkel und Kopf (oder nur rechter Unterarm, nur die linke Faust o. ä.).

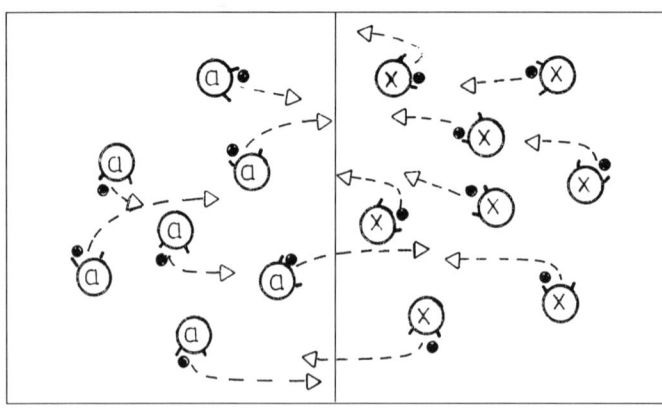

Abb. 1

1. Seitenwechsel: Eine Gruppe (x) führt den Ball mit dem Fuß, die andere (a) Basketballdribbling. Auf Zuruf sollen alle möglichst schnell – jedoch ohne die Entgegenkommenden zu stören – ins Gegenfeld wechseln. Dort mit „umgekehrtem Vorzeichen" weiterdribbeln. Mehrmals wiederholen.

3. Mit Abwehr: Beim Seitenwechsel dürfen die „Basketballer" in der Mitte die Gegenspieler stören und deren Platzwechsel erschweren.

4. Nur mit den Füßen: Im Schwebesitz den Ball zwischen den Füßen festklemmen, fallenlassen und sofort wieder einklemmen (oder hochwerfen und auffangen).

5. Eine Hand: Abb. 2; Handwechsel nach achtmaligem Aufprellen. *„Wer kann bei jedem Aufprellen die Hand wechseln?"*

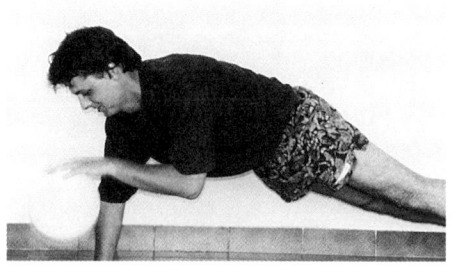

Abb. 2

6. Mit der Sohle prellen: Auf einem Bein stehen bzw. hüpfen und den Ball mit der anderen Fußsohle prellen.

7. Hürdensitz: Im Sitz ein Bein vorstrecken, das andere gebeugt zur Seite auswinkeln. Den Ball in einer möglichst großen Ellipse um den Körper rollen. Beide Richtungen und gegengleicher Hürdensitz.

8. Hände bleiben am Ball: Im Kniestand weit vorne mit beiden Händen auf dem Ball stützen. Mit dem Oberkörper so hochschnellen, daß der Ball vom Boden abhebt. *"Wer schafft es im Liegestütz?"*

9. Hinten hochrollen: Abb. 3; Mit beiden Händen den Ball von den Fersen bis zum Gesäß hoch- und wieder abwärtsrollen.

10. Jäger-Kopfball jeder gegen jeden:
Beliebig laufen und den Ball tragen. Jeder soll möglichst viele Mitspieler

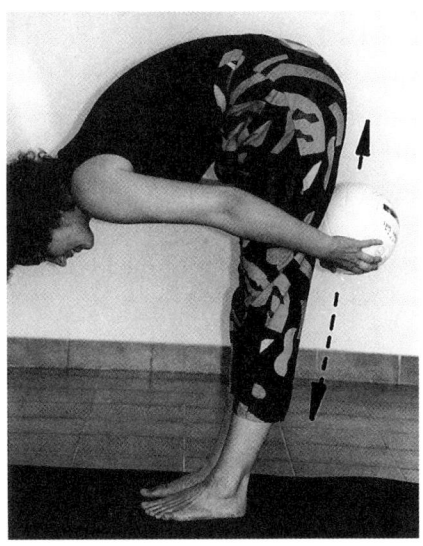

Abb. 3

"abschießen" und versuchen, selbst nicht getroffen zu werden. Treffer können nur mit Kopfstößen erzielt werden; also den Ball niedrig anwerfen und mit der Stirn beschleunigen (Abb. 4).

Abb. 4

Hohlball   54

Hinweis: Jeder hat einen Ball. Gleichviele Teilnehmer beginnen an jeder Endlinie. Sie laufen mehrmals im Pulk von ihrer Linie zur anderen Stirnwand und wieder zurück. Danach ist jeweils eine Übung an Ort und Stelle auszuführen.

1. Mit einer Hand prellen: Alle dribbeln mit der rechten Hand von der Endlinie zur Gegenseite, werfen dort den Ball gegen die Wand und dribbeln mit links wieder zum Startplatz zurück.

2. Hinten hochwerfen: Im Grätschstand den Ball durch die kenlage wälzen und fangen. *„Wer schafft es umgekehrt?"*

5. Durch das Tor: Wieder Ballführen mit dem Fuß, alle müssen diesmal beim Hin- und Rückweg durch ein „Nadelöhr" (Abb. 1: Tor aus zwei Markierungsstangen auf der Mittellinie).

6. Hockwende: Im Liegestütz vorlings (gebeugte Beine) Hockwenden über den Ball (Abb. 2).

7. Genau nachahmen: Ein „Vorturner" dribbelt auf engem Raum in der Hallenmitte vor und zurück, links

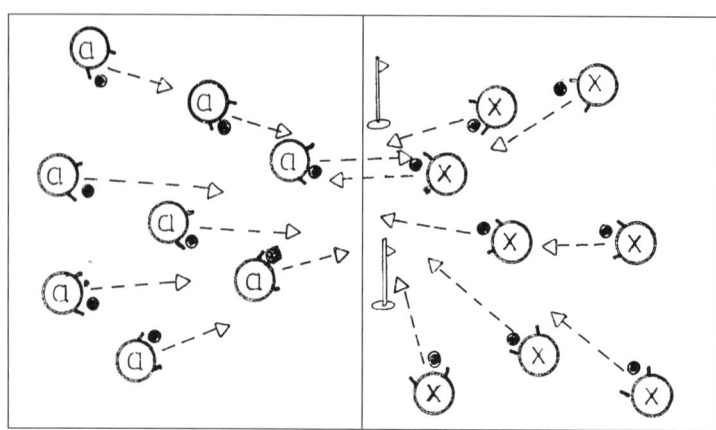

Abb. 1

Beine hinten hochwerfen, sich sofort umdrehen und fangen.

3. Mit dem Fuß führen: Wieder zur anderen Wand, diesmal den Ball mit dem Fuß führen und an die Wand schlenzen.

4. Wälzen: Den Ball in der Bauchlage hochwerfen, schnell in die Rük- und rechts, niedrig und hoch. Alle übrigen sollen jede seiner Aktionen genau imitieren.

8. Gewicht auf dem Ball: Im Liegestütz rücklings beide Sohlen auf den Ball setzen und diesen zur Seite, gegen das Gesäß und – ohne die

Abb. 2

Hände zu lösen – weit nach vorne rollen (Abb. 3).

9. Schwieriges Fangen: Den Ball senkrecht anwerfen, sich schnell an der richtigen Stelle hinsetzen und den Ball mit den Füßen auffangen.

10. Abschlagen: Jede Gruppe Basketballdribbling in ihrer Spielfeldhälfte. Aus jeder Gruppe läuft ein Fänger ins Gegenfeld (evtl. vorher Nummern verteilen oder die Gruppe selbst entscheiden lassen). Der Fänger darf seinen Ball tragen und soll mit ihm möglichst viele Gegenspieler berühren. Jeder ist 30 Sekunden lang Fänger.

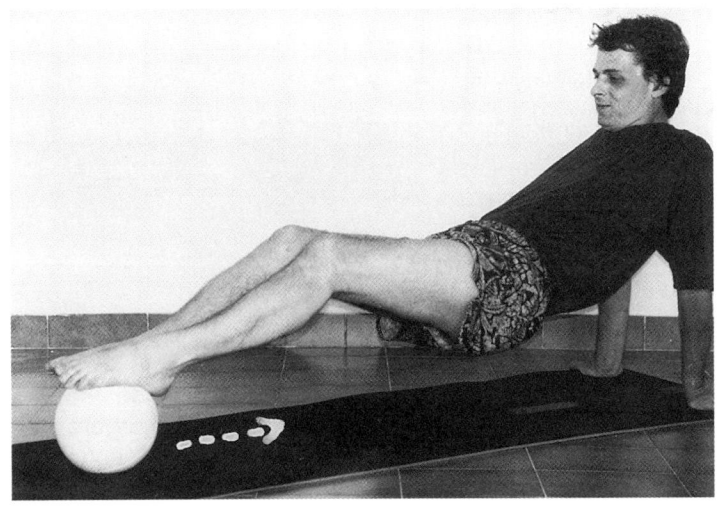

Abb. 3

Hohlball 55

Hinweis: Jeder hat einen Ball. In jeder Hallenecke beginnen etwa gleichviele Teilnehmer. Auf Zuruf wechselt jede Gruppe in eine andere Ecke (Abb. 1) und führt dort die nächste Übung aus.

3. Ballführen mit dem Fuß: Wieder Eckenwechsel „links" oder „rechts", diesmal Ballführen mit dem Fuß.

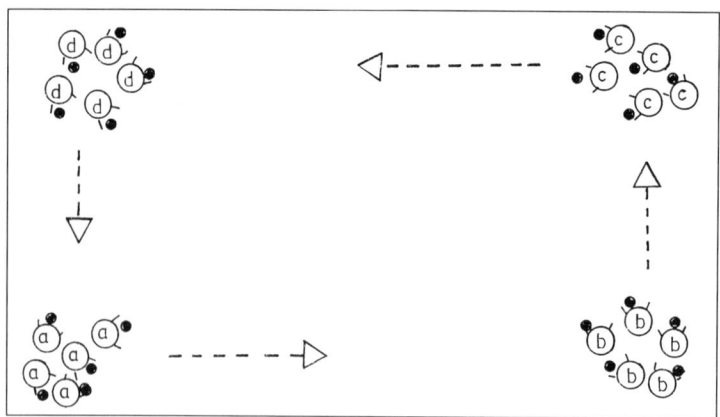

Abb. 1

1. Eckenwechsel mit Basketballdribbling: In der Ecke mit einer Hand dribbeln. Auf Zuruf „links" dribbeln alle Gruppen im Uhrzeigersinn zur nächsten Ecke und dribbeln dort weiter, bei „rechts" in die andere Ecke (Abb. 1). Bei jedem Wechsel dribbelt ein Spieler jeder Gruppe den Ankommenden entgegen und behindert ihren Lauf in die bezeichnete Ecke. Jeder ist einmal der „Schwarze Mann".

Abb. 2

2. Achterprellen: Den Ball in einer großen Acht durch die Beine und weit nach außen prellen (Abb. 2). Tiefgehen, das Gewicht verlagern.

4. Im Nacken auffangen: Abb. 3; Grätschstand und waagerechter Oberkörper; nicht stärker aufprallen als notwendig.

Abb. 3

5. Zwei Ecken weiter: Mit der Hand prellen und zwei Ecken weiter wechseln: „links-links" oder „rechts-rechts".

6. Langer Wechsel: Auf Zuruf „lang" erfolgt der Eckenwechsel nun an den Längswänden entlang im Gegenverkehr. Jede Gruppe kann selbst bestimmen, wie gedribbelt werden soll.

7. Wandabpraller fangen: Beliebiger Abstand von der Wand: Aus der Rückenlage aufrichten und den Ball hoch an die Wand werfen, schnell aufstehen und den zurückprallenden Ball auffangen.

8. Gedränge in der Mitte: Auf Zuruf „cross" erfolgt nun ein Eckenwechsel in der Diagonalen; *„Welche Gruppe ist zuerst in der neuen Ecke?"* Vorsicht in der Hallenmitte!

Abb. 4

9. Schlußsprünge: Strecksprünge mit dem Ball in Vorhalte; bei jedem fünften Sprung beide Knie an den Ball hochreißen (Abb. 4).

10. Alle Wechsel sind möglich: Jede Gruppe prellt einhändig in ihrer Ecke und soll bei Zuruf möglichst schnell die bezeichnete Ecke erreichen. Alle Wechselvarianten („rechts", „links", „rechts-rechts", „links-links", „lang" und „cross") können aufgerufen werden.

Hohlball 56

Hinweis: Jeder hat einen Ball; an allen vier Wänden beginnen etwa gleichviele Teilnehmer. Sie werfen ihren Ball gegen die Wand und fangen ihn wieder auf (Abb. 1). Auf Zuruf müssen alle die Wand wechseln, sich dort einen passenden Platz suchen und die nächste Aufgabe absolvieren. Mit dem Zuruf wird die Richtung des Platzwechsels angegeben: „links", „rechts" oder „gegenüber".

einmal links herum drehen, dann entgegengesetzt.

4. Aufrichten mit Wurf: Rückenlage mit den Füßen zur Wand. Beim Aufrichten kräftig an die Wand werfen, im Sitz auffangen und sofort wieder in die Rückenlage zurückfallen.

5. Ohne Abstützen: Bauchlage nahe an der Wand; ohne die Ellbogen aufzustützen achtmal beidhändig werfen und direkt (nach einmaligem Aufspringen) fangen (Abb. 2).

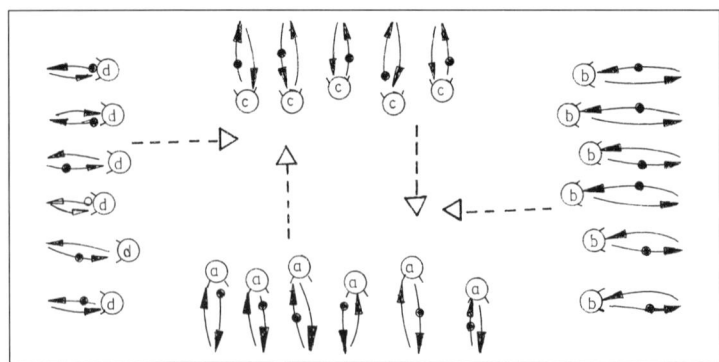

Abb. 1

1. Mit einer Hand fangen: Aus 4 m Entfernung Einwurf gegen die Wand und mit einer Hand fangen.

2. Hinten klatschen: Brustpaß aus 3 m Abstand hoch gegen die Wand; vor dem Fangen hinter dem Rücken in die Hände klatschen.

3. Ganze Drehung: Den Ball als Aufsetzer gegen die Wand werfen. Vor dem Fangen ganze Drehung,

Abb. 2

Abb. 3

Abb. 4

6. Unten durch: Grätschstand mit dem Rücken zur Wand; unter den Beinen durch hoch an die Wand werfen, sich schnell umdrehen und fangen (Abb. 3).

7. Im Sprung: Den Ball im Sprung mit den Füßen hoch an die Wand werfen (Abb. 4) und sofort fangen.

8. Hoch werfen: Hocksitz mit dem Rücken zur Wand; nach hinten hoch an die Wand werfen, aufstehen und fangen.

9. Alles im Sprung: Im Sprung mit beiden Händen hoch an die Wand werfen, sofort wieder hochspringen und fangen.

10. Jeweils drei Würfe: An jeder Wand drei Sprungwürfe (Aufsetzer). Alle wechseln im Uhrzeigersinn von Wand zu Wand. *„Wer erreicht als erster seinen Startplatz?"*

Hohlball 57

Hinweis: Vierergruppen mit je zwei Bällen. Aufstellung gemäß Abb. 1. Immer drei üben mit einem Ball, der vierte dribbelt mit dem zweiten Ball einmal (mehrmals) um die eigene Gruppe und übernimmt dann einen Platz im Dreieck.

1. Schnelle Pässe + Fußball: Beidhändiges Abspiel im Dreieck. Drei Runden Fußballdribbling.

2. Aufbäumen + Über die Beine: Sternförmig in Bauchlage, die Hände mit gebeugten Armen gegen den Ball drücken. Gemeinsam Ball (und Oberkörper) hochstemmen und 15 Sek. hochhalten. Mit einer Hand dribbeln und über die Unterschenkel der Liegenden steigen; in beiden Richtungen je zwei Runden.

3. Liegestütz + Seitgalopp: Sternförmig im einarmigen Liegestütz vorlings; den Ball mit der freien Hand zum Partner rollen. Handwechsel nach Belieben. Bei jeder

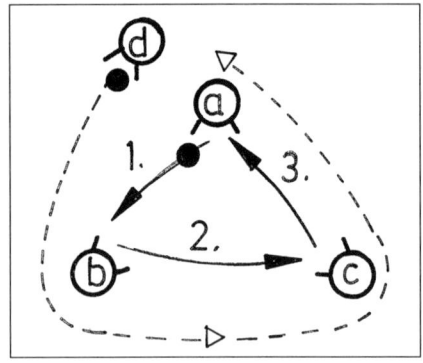

Abb. 1

Ablösung in der Bauchlage entspannen. Seitgalopp mit beidhändigem Prellen; drei Runden in jeder Richtung.

4. Gemeinsam anheben + Tiefe Hocke (Abb. 2): Sternförmig sitzen und den Ball gemeinsam mit den Sohlen mehrmals bis über Kopfhöhe hochstemmen. In der tiefen Hocke einhändig prellen. In kleinen Schrittchen fortbewegen und mit

Abb. 2

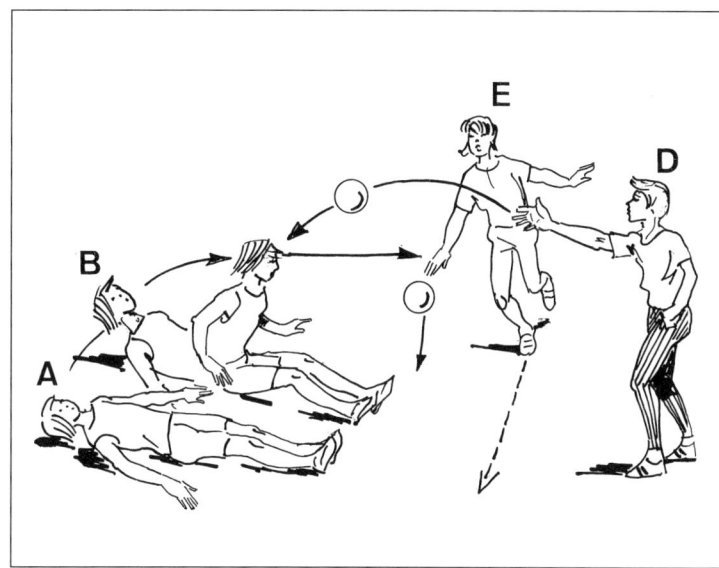

Abb. 3

der freien Hand den Rücken der Sitzenden antippen. In jeder Richtung eine Runde.

5. Aufrichten mit Kopfstoß + Durchstarten: Abb. 3; Abstand etwa 3 m. D wirft den Ball weich und genau zu A oder B. Der Angespielte soll sich schnell aufrichten (B) und den Ball mit Kopfstoß zum Werfer zurückbefördern.
E muß im richtigen Moment zwischen Werfer und Liegenden von einer Seite zur anderen durchdribbeln. Wechsel nach sechs Läufen.

6. Bewegliche Tore: Zwei fassen sich mit ausgestrecktem Arm an der Hand und gehen langsam „kreuz und quer". Die beiden anderen sollen ihren Ball möglichst oft von hinten durch dieses bewegliche Tor rollen. Jeder darf nur den eigenen Ball benützen. Nach zwei Minuten Wechsel. In einem zweiten Durchgang wird der Ball mit dem Fuß geführt und von hinten durch das Tor gepaßt. *„Wer erzielt die meisten Tore?"*

Hohlball 58

Hinweis: 6 oder 8 Teilnehmer (gerade Zahl) mit zwei Bällen in Kreisaufstellung. Die Kreisspieler erhalten eine Aufwärmübung; lediglich zwei gegenüberstehende Spieler dribbeln in gleicher Richtung zweimal um die Gruppe (Abb. 1) und übergeben dann den Ball ihrem rechten Nebenmann. Nun sind diese beiden an der Reihe usw. Sobald die Bälle wieder bei den ersten angekommen sind, beginnt der zweite Durchgang mit neuen Aufgaben.

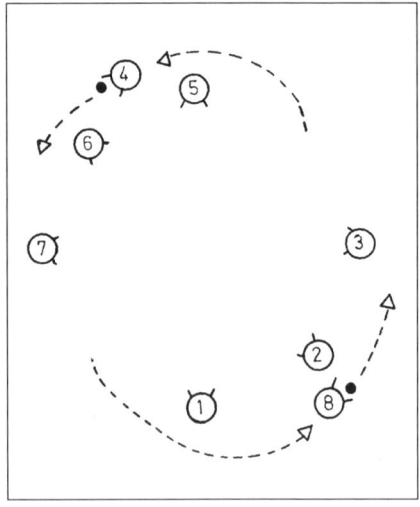

Abb. 1

1. Schultern + äußere Hand: Im Grätschstand Schulterkreisen vorwärts und rückwärts. Mit der äußeren Hand prellen.

2. Fußgelenke + Hopserlauf: Im Fußgelenk kreisen in beiden Richtungen, Fußspitzen halten Bodenkontakt. Hopserlauf und mit der äußeren Hand prellen.

3. Wirbelsäule + Slalomdribbeln: Abb. 2; in der Bank abwechselnd den Rücken zum „Katzenbuckel" hochdrücken (a) und zum „Hohlkreuz" durchhängen lassen (b).

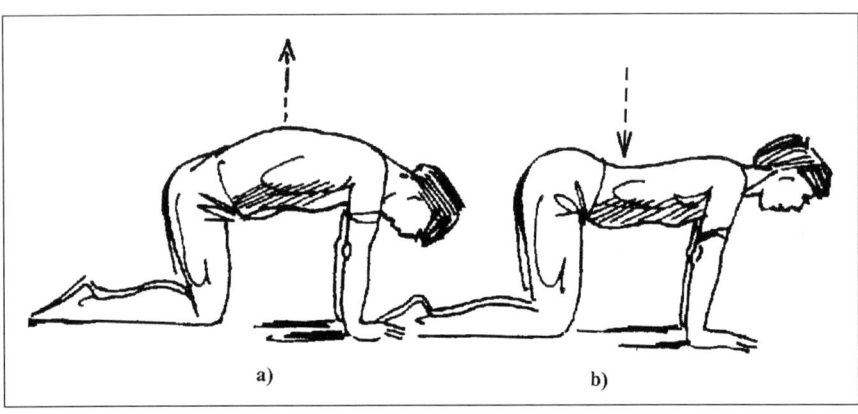

Abb. 2

Slalomlauf um die Übenden; den Ball immer außen führen, d. h. Körper zwischen Ball und „Hindernis".

4. Grätschsprünge + Seitgalopp: Lockere Grätschsprünge mit Vierteldrehungen abwechselnd nach links und rechts. Seitgalopp mit dem Blick nach innen; mit beiden Händen prellen.

5. Hampelmann + mit dem Fuß: Hampelmann im gleichen Rhythmus wie der Partner gegenüber (oder sogar gleicher Gruppenrhythmus). Ballführen mit dem Fuß.

6. Körperwelle + enge Kreise: Abb. 3; große Körperwelle im Kniestütz (a); tiefgehen und die Stirn an den Oberschenkeln entlang und dicht den Boden möglichst weit vorschieben (b); dann die Arme strecken (c) und hoch zurückbeugen (d). Ballführen mit dem Fuß in engen Kreisen um jeden Kreisspieler.

7. Platzhalten: Die Kreisspieler fassen sich an den Händen und hüpfen im Kreis. Die beiden mit Ball prellen im Kreis (alternativ außerhalb des Kreises) und müssen immer genau vor ihrem rechten Nebenspieler prellen. Der Kreis darf die Drehrichtung beliebig ändern. Jeder darf einmal prellen.

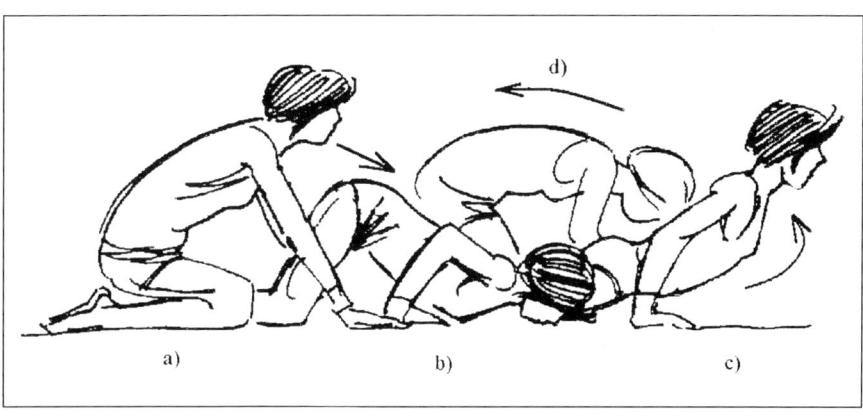

Abb. 3

Hohlball 59

Hinweis: Dreiergruppen mit einem Ball; Übungen im Laufen wechseln mit solchen an Ort und Stelle.

1. Auf Tuchfühlung: Alle drei gehen Schulter an Schulter nebeneinander. Der mittlere prellt mit einer Hand den Ball (Abb. 1) und darf Tempo und Richtung beliebig verändern (auch umkehren). Seine Nebenleute müssen immer auf der gleichen Seite dicht neben ihm bleiben. Jeder ist einmal Mittelmann.

2. Mit den Füßen weiterreichen: Schwebesitz mit den Füßen zur Mitte. Den Ball ausschließlich mit den Füßen im Dreieck weiterreichen. Wer den Ball übernommen hat, dreht sich auf dem Gesäß um 360 Grad. Die beiden anderen wälzen sich derweil aus dem Sitz mit halber Drehung seitlich in den Liegestütz vorlings.

3. Jeden anspielen: „Kreuz und quer" laufen und den Ball mit dem Fuß führen und innerhalb der Gruppe abspielen.

4. Zwei ziehen den dritten: Bauchlage sternförmig, alle umfassen den Ball. Immer zwei ziehen den dritten ein kurzes Stückchen zur Mitte und schieben ihn wieder zurück. *„Welche Gruppe schafft die längsten Ausschläge?"*

Abb. 1

5. Zweimal senkrecht, dann laufen: Eng beisammenstehen; der erste prellt den Ball zweimal senkrecht auf, dann der zweite usw.; jeder spurtet sofort nach dem Aufprellen zu einer Markierung und läuft wieder zurück. Die Laufstrecke so festlegen, daß keine Wartezeiten entstehen.

6. Gleichzeitig aufrichten: Rückenlage sternförmig, Knie gebeugt die Fußspitzen berühren sich. Alle heben sich gleichzeitig in den Sitz, der Ball wird auf den Füßen abgelegt, vom rechten Nebenmann übernommen und alle senken sich wieder in die Rückenlage.

7. Im Sprung fangen: Wieder in Dreiecksaufstellung in 4 m Abstand. Den Ball beidhändig im Sprung als Aufsetzer zum Partner werfen. „*Wer kann im Sprung auffangen und sofort, noch in der Luft, weiterwerfen?*"

8. Transportstaffel: Immer einer hat den Ball zwischen den Füßen festgeklemmt und wird von den beiden anderen 10 m weit getragen (Abb. 2); dann Wechsel.

Abb. 2

Nach einigen Probedurchgängen als Wettbewerb mit gleichen Laufstrecken für alle Dreiergruppen.

Hohlball 60

Hinweis: Fünfergruppen mit einem Ball. Aufstellung im Viereck in etwa 4 m Abstand. In einer Ecke beginnen zwei Spieler, der vordere mit Ball (Abb. 1, a + e).

5. Beliebiges Abspiel: Jeder kann jeden anspielen (auch mit Täuschungen). Nach dem Wurf immer den Platz des Angespielten einnehmen.

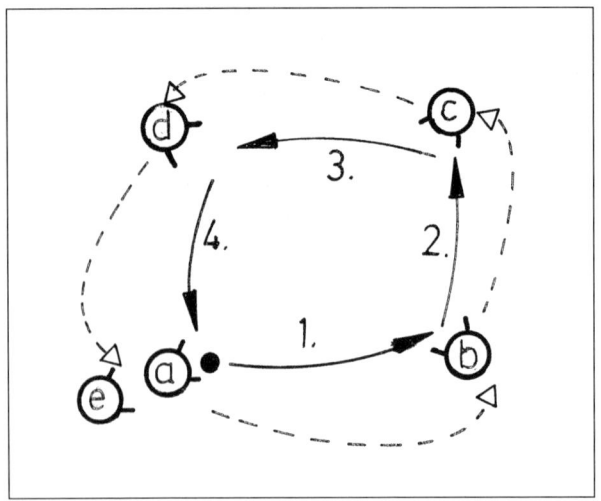

Abb. 1

1. Brustpaß mit Nachlaufen: Den Ball zum rechten Nebenspieler spielen und sofort dessen Platz einnehmen (Abb. 1).

2. Andere Richtung: Dasselbe in der Gegenrichtung. Nach jedem Abspiel mit beiden Händen den Boden berühren.

3. Platzwechsel im Kriechen: Alle sitzen; der Platzwechsel nach dem Wurf erfolgt auf allen vieren.

4. Unten durch: Abb. 2; hoch oben ausholen und mit Schwung werfen. Schnell umdrehen und dem Ball folgen.

Abb. 2

6. Platzwechsel im Hüpfen: Wieder beliebig abspielen; beim Platzwechsel muß jetzt jeder auf einem Bein hüpfen.

7. Tigerball: Vier sitzen und spielen sich den Ball zu, der fünfte soll den fliegenden oder rollenden Ball beprellt mit der Hand und muß dabei unter den Außenspielern durchkriechen, wenn sie sich gerade im Liegestütz befinden oder aber, wenn sie liegen, über sie hinwegsteigen. Nach zwei Runden kommt der zweite dran usw.

Abb. 3

rühren. Gelingt dies, dann muß der letzte Werfer in die Mitte. Die Außenspieler dürfen nicht aufstehen, können sich aber im Fallen zur Seite Vorteile verschaffen.

8. Zwei Runden: Vier liegen sternförmig auf ihren Eckplätzen und wechseln beliebig zwischen Bauchlage und Liegestütz. Der fünfte

9. Läufer gegen Werfer: Aufstellung und Paßfolge gemäß Abb. 3. Der Läufer gibt das Startkommando und soll früher als der Ball den Startplatz erreichen. Bei einem zweiten Durchgang wird die Paßfolge geändert, z. B. A–C–B–D–A.

Ohne Handgerät

Hinweis: Laufen und Hüpfen mit ansteigender Belastung (1, 3 usw.). Dazwischen Partnerübungen zur aktiven Erholung (2, 4 usw.). Ein Platzsuchspiel (Atomspiel) verbindet die Übungen und soll vor allem Spaß machen.

1. Laufen: Alle wählen eigene Laufwege, suchen freie Räume und vermeiden Zusammenstöße. Auf Zuruf hinsetzen.

2. Atomspiel: Das Atomspiel erklären: Der Lauf wird durch ein Signal („Halt!") unterbrochen. Gleichzeitig zeigt der Leiter mit den Fingern deutlich eine Zahl zwischen 2 und 5 an. Die Teilnehmer (Atome) müssen sich dann möglichst schnell in entsprechender Zahl (Molekülen) zusammenfinden (z.B. Hände fassen, Rücken an Rücken hinsetzen) und anschließend weiterlaufen oder eine Übung absolvieren. Wer „übrig" bleibt, erhält einen Minuspunkt oder eine Spezialaufgabe.

3. Riesenschritte: Wieder laufen alle kreuz und quer, diesmal mit langen, raumgreifenden Schritten.

Abb. 1

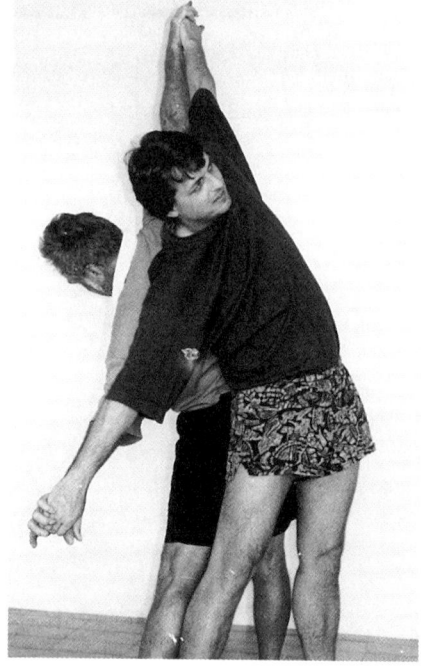

Abb. 2

4. „Zwei!" Jeder sucht sich schnell einen Partner. Bei ungerader Teilnehmerzahl trifft einen einzigen die „Strafe", bei gerader Zahl war die ganze Aufregung unnötig.

5. Rumpfdrehen und -beugen: Den Rumpf drehen (Abb. 1) und seitwärts beugen (Abb. 2) ohne die Fußstellung zu verändern. In den Extrempositionen (ganz hinten und ganz unten) jeweils 10 Sek. die Spannung halten.

6. Hopserlauf: Wechselhüpfen mit großen Beidarmschwüngen.

7. „Drei!" Wer bleibt übrig?

8. Lift: Hocksitz Rücken an Rücken; gemeinsam in den Stand hochstemmen und wieder in den Hocksitz senken.

9. Rückwärts und seitwärts: Sechs schnelle Schritte rückwärts und drei Nachstellschritte seitwärts im Wechsel.

10. „Zwei!" Abwechselnd die linke und die rechte Hand des Partners fassen (Abb. 3).

Abb. 3

11. „Fünf!" Im Kreis sitzen und drei Minuten Dehnungsübungen nach eigener Wahl. Die Übriggebliebenen bilden eine kleinere Gruppe.

12. Abschlußwettkampf: Auf ein Startkommando kriecht der erste jeder Fünfergruppe auf allen vieren um die eigene Gruppe und sprintet dann möglichst schnell um alle anderen Kreise zum Startplatz zurück (Abb. 4). Nun darf der nächste starten. Auch die Kleingruppe muß fünf Läufe absolvieren. *„Welche Gruppe ist zuerst fertig?"*

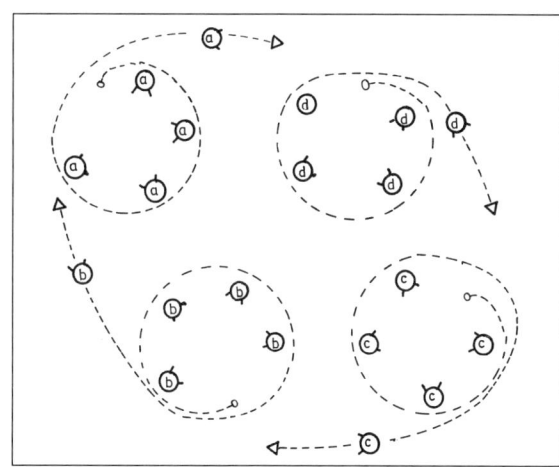

Abb. 4

Ohne Handgerät 62

Hinweis: Laufen im Wechsel mit Partnerübungen. Jeder sucht einen etwa gleichgroßen Partner. Die Paare beginnen gleichmäßig auf der gesamten Spielfläche verteilt. Gelaufen wird getrennt; auf Zuruf kehren alle auf ihren Startplatz zurück.

1. **Kurvenlauf:** „Kreuz und quer" laufen, freie Räume suchen. Den anderen Läufern weiträumig ausweichen.

2. **Strecken:** Abb. 1; beide recken sich so hoch wie möglich. Einer zieht die gestreckten Arme leicht nach vorn-oben und hebelt den Partner auf die Zehenspitzen; dann umgekehrt.

3. **Spät ausweichen**: Laufen mit deutlichen Tempoänderungen. Den Entgegenkommenden im letzten Augenblick rechts ausweichen.

4. **Nicht aufsetzen:** Abb. 2; ein Partner grätscht und schließt seine Beine dicht über dem Boden, der andere hebt sie jedesmal gegengleich in hohem Bogen nach innen und dann wieder nach außen (jedesmal mit den Absätzen leicht auftippen). Wechsel nach 10 Versuchen.

Abb. 1

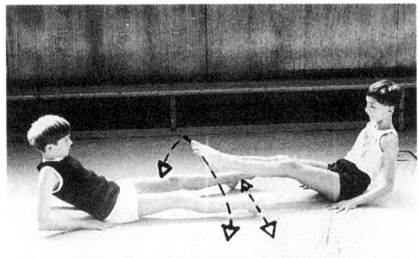

Abb. 2

5. **Geradeaus Hopserlauf:** Abwechselnd zügiger Kurvenlauf und Hopserlauf geradeaus; Wechsel nach jedem Ausweichen bzw. in Wandnähe.

6. Händeklatschen: Bauchlage gegenüber. Abwechselnd hinter dem Rücken in die Hände klatschen und dann vor dem Gesicht in die Hände des Partners.

7. Wippe: Abb. 3; den Körper straff anspannen und möglichst hoch wippen.

8. Hüpfen: Einbeinig vorwärts hüpfen; Beinwechsel nach jeweils acht Sprüngen.

9. Nicht umfallen: Im einarmigen Liegestütz gegenüber die Hand des Partners fassen. Beide ziehen und schieben und versuchen den Partner in die Bauchlage zu zwingen; Handwechsel, mehrere Durchgänge.

10. Niederringen: Rücken an Rücken sitzen und Ellbogen einhaken (Abb. 4). Gleichzeitig beginnen und den Partner auf die Seite zwingen.

Abb. 3

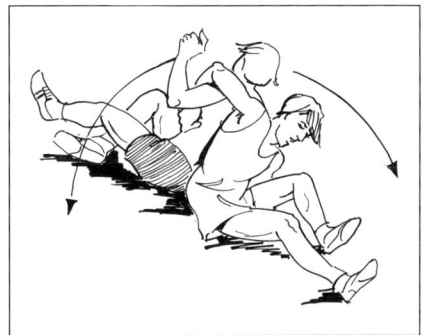

Abb. 4

Ohne Handgerät 63

Hinweis: Laufen und Partnerübungen im Wechsel. Jeder sucht sich einen etwa gleichgroßen Partner.

1. Auf engem Raum: In einer Spielfeldhälfte rasch gehen (bei wenigen Teilnehmern auf einer noch kleineren Fläche). Einer folgt seinem Partner wie ein Schatten. Keilen gestreckt bleiben; zehnmal in jeder Richtung. *„Welchem Paar gelingt die Übung mit den Armen in Seithalte?"*

4. Dicht neben der Linie: Wieder laufen alle hintereinander mehrere Runden auf den Auslinien. Die Füße sollen jetzt dicht neben der Linie aufsetzen, und zwar immer dreimal links, dann dreimal rechts daneben.

Abb. 1

ne Zusammenstöße, niemand darf die Spielfeldgrenzen überschreiten; bei Zuruf wechselt die Führung.

2. Auf den Linien: Alle laufen im Uhrzeigersinn hintereinander auf den Auslinien des Volleyballfeldes (Basketballfeldes). Mehrere Runden in zügigem Tempo, die Füße sollen genau auf den Linien aufsetzen.

3. Trichterkreisen: Abb. 1; einer schwingt in großen Kreisen (a), der andere in kleinen (b). Die Beine sol-

5. Abbremsen: Abb. 2; der Liegende soll den Schwung abbremsen, ehe seine Füße den Boden berühren. Der Stehende darf die Beine kraftvoll wegschleudern. Wechsel nach acht Versuchen.

6. Hürdenlauf: Einer von beiden legt sich quer auf die Auslinie; Abstand zu den Nachbarn mindestens 3 m. Alle anderen laufen drei Runden über die Liegenden (Abb. 3). Sie sollen dabei nicht springen, sondern die Hindernisse möglichst flach überqueren. Dann Wechsel; mehrere Durchgänge.

7. Trichterkreisen: Abb. 4; die Finger verschränken, die Arme durchstrecken und den Oberkörper möglichst hoch anheben.

8. Unten durch und darüber: Einer von beiden im Liegestütz quer über der Auslinie; Abstand zum Nachbarn möglichst groß. Die anderen müssen das erste Hindernis überspringen und unter dem nächsten durchkriechen (oder in Hechtbaggerlandung durchgleiten). Wechsel nach zwei Runden.

9. Gegen die Fußsohlen: Jeder soll im Schwebesitz mit gebeugten Beinen die Füße des Partners bequem erreichen können. Beide be-

Abb. 2

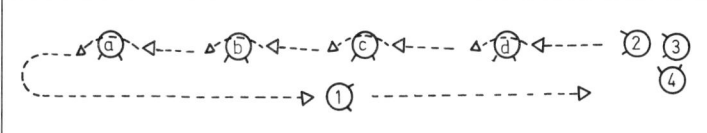

Abb. 3

mühen sich, die Füße so gegen die Sohlen des Partners zu drücken oder zu stoßen, daß dieser das Gleichgewicht verliert. *„Wer fünfmal gewonnen hat, ist Sieger!"*

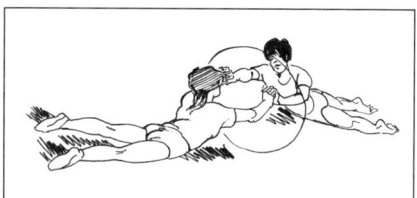

Abb. 4

Ohne Handgerät 64

Hinweis: Drei Schwedenbänke gemäß Abb. 1 aufstellen, auf jeder Bank liegen zwei Medizinbälle. An jeder Stirnwand beginnen gleichviele Teilnehmer. Laufen (1, 3, usw.) und Partnerübungen (2, 4, usw.) im Wechsel. Bei den Pendelläufen zwischen der Wand und den Bällen wird jedesmal mit der Hand angeschlagen. Für die Partnerübungen muß man sich jedesmal einen anderen Partner suchen.

3. Mit der Stirn: Hopserlauf zu den Bällen, beim Rückweg rückwärtslaufen. Jeden Ball mit der Stirn berühren.

4. Über die Bank: Schlußsprünge zur Mitte, mit beidhändigem Stütz auf dem Ball Hockwenden über die Bank. Auf dem Rückweg Seitgalopp. An jedem der drei näheren Bälle acht Hockwenden.

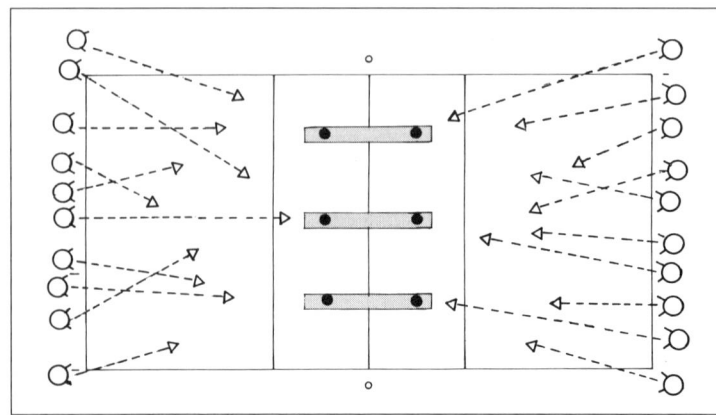

Abb. 1

1. Locker laufen: In beliebiger Reihenfolge jeden Ball einmal berühren, die eigene Wand sechsmal (d.h. sechs Pendelläufe).

2. Armkreisen: Rücken an Rücken stehen. Mit Handfassen und ohne loszulassen Mühlenschwingen; langsam beginnen und immer schneller werden; beide Richtungen.

5. Hohe Hockwenden: Einbeiniges Hüpfen auf beiden Wegen. Mit beidhändigem Stütz auf der Bank sechs Hockwenden über den Ball.

6. Im Gleichgewicht bleiben: Die Beine einmal innen (Abb. 2), dann außerhalb der Hände (Abb. 3) hochstemmen.

7. Sechs Läufe auf Tempo: Drei Läufer starten gleichzeitig auf jeder

Abb. 2

Abb. 3

Seite; sie sollen möglichst schnell zweimal zwischen Wand und dem näheren Bankende hin- und herlaufen. Dann sind die nächsten drei Läufer an der Reihe usw.

8. Mit Helfer: Abb. 4; mit Partnerhilfe Schlußsprünge seitlich über die Bank; Wechsel nach acht Überquerungen.

9. Umkehrstaffel: Je drei gleichgroße Gruppen beginnen in Reihe hinter den Startlinien (z.B. Endlinien des Volleyballfeldes). Der erste jeder Gruppe holt den Ball, der zweite übernimmt ihn auf der Startlinie und legt ihn auf die Bank zurück usw. *„Welche Gruppe hat zuerst zwei Durchgänge geschafft?"*

Abb. 4

Ohne Handgerät 65

Hinweis: Paarweise laufen im Wechsel mit Partnerübungen.

1. Schnell umkehren: Hand in Hand mit dem Partner Kurvenlauf (Abb. 1). Auf Zuruf halbe Drehung, die andere Hand fassen und sofort in der Gegenrichtung weiterlaufen.

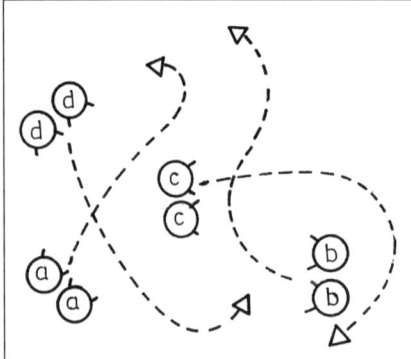

Abb. 1

2. Weit vorhängen: Beide knien mit dem Rücken zum Partner (die Fußsohlen berühren sich) und geben sich in der Hochhalte beide Hände. Gleichzeitig aufrichten und die Hüfte möglichst weit vorschieben. 15 Sek. lang in der Bogenspannung verharren und wieder zurücksitzen.

3. Weit vorbeugen: Beide sitzen im weiten Grätschsitz gegenüber und fassen beide Hände. Einer legt sich weit zurück und sein Partner beugt sich ebensoweit vor. Zunächst weich nachgeben, dann einige Versuche, bei denen ein Partner dosiert Widerstand leistet.

4. Gleicher Rhythmus: Beide Hände breit fassen. Seitgalopp entlang der Längswände. In der einen Richtung mit den Gesichtern zueinander, in der anderen Rücken an Rücken.

5. Begrüßung: Bauchlage gegenüber; gleichzeitig in den Liegestütz heben und abwechselnd die linke und rechte Handfläche gegen die des Partners klatschen.

6. Fahrstuhl: Beide sitzen Rücken an Rücken mit den Armen in Vorhalte. Sie sollen sich gemeinsam langsam und ohne Halt in den Stand hochstemmen und wieder in den Sitz senken.

Abb. 2

7. Bockspringen: Abb. 2; nach der Grätsche fünf Schritte weiterlaufen und für den Partner einen Bock bilden.

8. Ziehkampf: In der Bauchlage (im einarmigen Liegestütz) die rechte Hand des Partners fassen. Jeder versucht, den anderen zu sich heranzuziehen.

9. Tandem: Abb. 3; zunächst nur vorwärtshüpfen, dann auch seitwärts und rückwärts. Beine ausschütteln, dann anderes Bein und anderer Vordermann.

10. Mit Sohlenkontakt: Die gestreckten Beine gleichzeitig nach links und rechts schwenken. Zuerst in der Rückenlage (Abb. 4), dann ebenso im Schwebesitz.

11. Kettenfangen: Einer beginnt als Fänger. Jeder Abgeschlagene muß ihm die Hand geben und gemeinsam mit ihm fangen. Abschlagen können nur die Endglieder der Kette. Sobald eine Kette aus sechs Teilnehmern besteht, wird sie in zwei Dreierketten geteilt.

Abb. 3

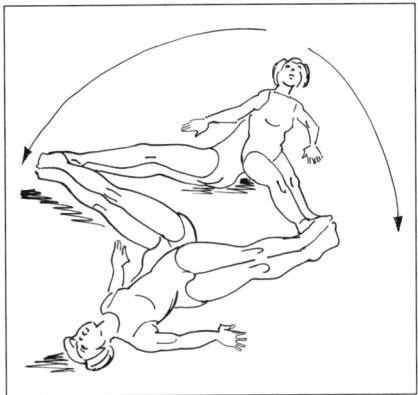

Abb. 4

Ohne Handgerät 66

Hinweis: Drei etwa gleichgroße Partner laufen und üben zusammen.

1. Schulterkontakt: Einer geht in wechselnder Richtung und Geschwindigkeit. Die beiden anderen sollen dicht links bzw. rechts neben ihm bleiben und immer Schulterkontakt halten. Jeder ist einmal Mittelmann.

gen Anlaufschritten einen weiten Schrittsprung ausführen. Die beiden Äußeren unterstützen ihn mit Stützgriff an den Armen und sorgen für einen weiten Flug.

6. Scheibenwischer: Rückenlage sternförmig – die Füße zeigen nach außen – und die Hand des linken und rechten Partners fassen. Alle heben gleichzeitig die gestreckten

Abb. 1

2. Möglichst hoch: Abb. 1; die Hände möglichst hoch anheben und dort 10 Sek. verharren.

3. Manndeckung: Einer geht langsam in Kurven (mit Körpertäuschungen) von einer Stirnseite der Halle zur anderen. Seine beiden Partner sollen Hand in Hand rückwärts gehen und dabei immer genau vor ihm bleiben.

4. Schaukel: Abb. 2; den mittleren Partner nach jeweils achtmal „Auf- und-Ab" auswechseln.

5. Weitsprung: Nebeneinander laufen; der Mittelmann soll nach eini-

Beine und sollen in größtmöglicher Höhe die Fußspitzen der Partner berühren. Dann die Beine langsam zur halben Höhe senken und nach rechts senken. Von dort, ebenfalls

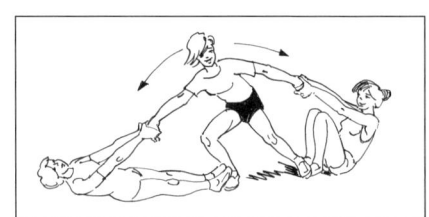

Abb. 2

gemeinsam, auf die andere Seite schwenken und schließlich erneut in der Mitte beginnen.

7. Beine voraus: Abb. 3; der Mittlere bestimmt die Laufrichtung; Wechsel nach einer bestimmten Laufstrecke.

8. Liegestütz und Bauchlage: Zwei legen sich dicht nebeneinander und werden vom Dritten übersprungen. Dann heben sich beide Partner in den Liegestütz und der dritte kriecht unten durch. Nach sechs Durchgängen Wechsel.

9. Kettenfangen: In jeder Dreiergruppe wird einer mit O, der andere mit U und der dritte mit E bezeichnet. Alle gehen als Gruppe beliebig „kreuz und quer". Auf Zuruf geben sich zwei die Hand und sollen, ohne loszulassen, den Dritten fangen. Wer fangen muß, wird durch den Zuruf entschieden: bei „Udo" sind U und O die Fänger (Abb. 4), bei „Uwe" oder „Ole" sind es zwei andere.

Abb. 3

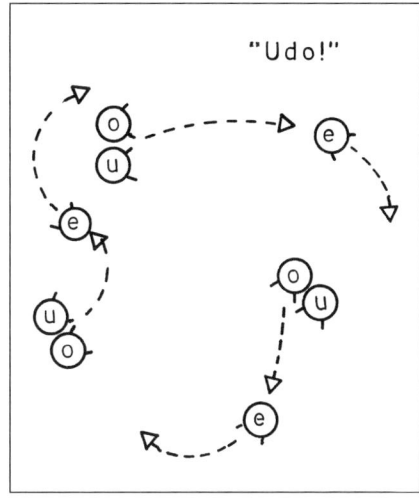

Abb. 4

Mattenbahn 67

Hinweis: Bodenmatten gemäß Abb. 1 auslegen. Je zwei (bis zu vier) Teilnehmer beginnen auf jeder Matte. Einer absolviert auf der Matte Lockerungs-, Dehnungs- oder Kräftigungsübungen. Sein Partner läuft eine bestimmte Strecke; dann Wechsel. Bei mehr Teilnehmern pro Matte wird in Gruppen gelaufen und die Reihenfolge des Wechselns festgelegt.

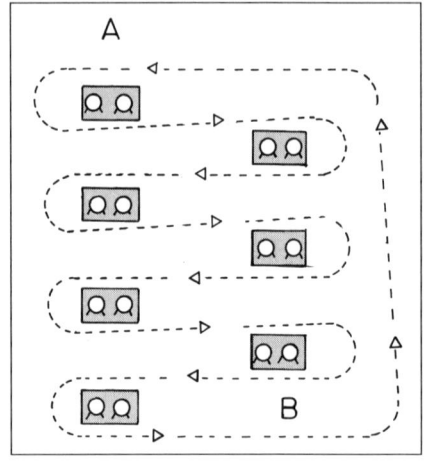

Abb. 1

1. Slalom und Scheibenwischer: Kurvenlauf um die Matten (Abb. 1, gestrichelte Linie). Jeder startet auf seiner Matte. Scheibenwischer einbeinig (Abb. 2), Schultern nicht abheben, Beinwechsel nach sechs Schwüngen.

Abb. 2

2. Nachstellschitte und Hopserspünge:
Laufweg gemäß Abb. 1, jetzt immer mit der Schulterachse parallel zur Längskante der Matten. Auf der Matte Hopsersprünge ohne Raumgewinn.

3. Pendellauf und Überkreuzen: Pendellauf von jeder Matte zur benachbarten Längswand; Wand und Matten mit beiden Händen berühren. Abb. 3: Bauchlage, mit dem Fuß „überkreuz" den Boden berühren; die Schultern sollen dicht an

Abb. 3

der Matte bleiben; mehrmals beide Seiten.

4. Sprünge und Scheibenwischer: Die gesamte Slalomstrecke auf einem Fuß hüpfen. Scheibenwischer (siehe Abb. 2), jetzt aber mit beiden Beinen.

5. Sprünge und Fahrstuhl: Die gesamte Slalomstrecke beidbeinig hüpfen.
Abb. 4; gegen den Partner stemmen; möglichst langsam heben und senken.

6. Synchron laufen: In Doppelreihe vor jeder Mattenbahn (Abb. 1 bei A und B) beginnen. Immer zwei überspringen Hand in Hand die Matten.
a) Schrittsprünge.
b) Hopsersprünge, auf dem Absprungbein landen.
c) Hopser- und Schrittssprünge im Wechsel.
d) Zusätzlich gleiche Schrittzahl in den Zwischenräumen. *„Welches Paar schafft die Übungen völlig deckungsgleich?"*

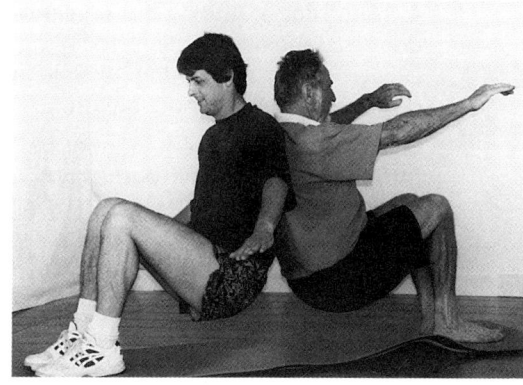

Abb. 4

Mattenbahn 68

Hinweis: Die Matten gemäß Abb. 1 auslegen; Abstand: doppelte Mattenbreite. Paare (bei vielen Teilnehmern Dreiergruppen) laufen und üben gemeinsam. Jede Gruppe startet auf „ihrer" Matte und kehrt nach der Laufübung auf diese Matte zurück.

1. Laufen: Mehrere „Runden" beliebig laufen; in einer Richtung über die Matten laufen, auf dem Rückweg dicht daneben.

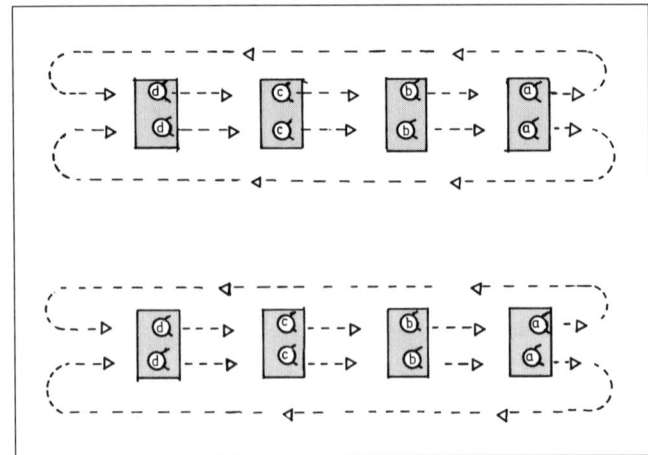

Abb. 1

Abb. 2

2. Runder Rücken: Abb. 2; beide schaukeln nebeneinander im gleichen Takt.

3. Ellbogen: Laufen wie bei 1; jetzt auf jeder Matte hinknien und mit beiden Ellbogen gleichzeitig die Matte berühren.

4. Bauchlage: Abb. 3; nebeneinander in Bauchlage; gleichzeitig die Beine hochstemmen und 15 Sek. in der Extremposition hochhalten.

5. Ein Schritt: Nebeneinander laufen, man darf nur mit dem rechten (linken) Fuß auf die Matte treten.

6. Radfahren: Abb. 4; zuerst treten beide gleichmäßig und rund. Dann gibt einer Widerstand und sein Partner muß sich kraftvoll dagegen stemmen; später der andere.

7. Schrittfolge: In bestimmten Schrittkombinationen über die Mattenbahn laufen. Zuerst alle dieselben Varianten z. B. vier kurze Schritte mit Knieheben auf der Matte und zwei Schritte im Zwischenraum. Dann soll jede Gruppe eigene Varianten erfinden und erproben.

8. Ohne Hände: Aus dem Hockstand gleichzeitig nach hinten abrollen, sofort wieder nach vorne rollen und, ohne mit den Händen abzustützen, mit Schwung aufstehen.

9. Verfolgungsrennen: Alle sitzen auf ihrer Matte; beim Startkommando läuft einer der Gruppe im Uhrzeigersinn außen um die Mattenbahnen. Der zweite darf starten, wenn der Startläufer die Matte berührt. *„Welche Gruppe hat zuerst zwei (oder mehr) Durchgänge geschafft?"*

Abb. 3

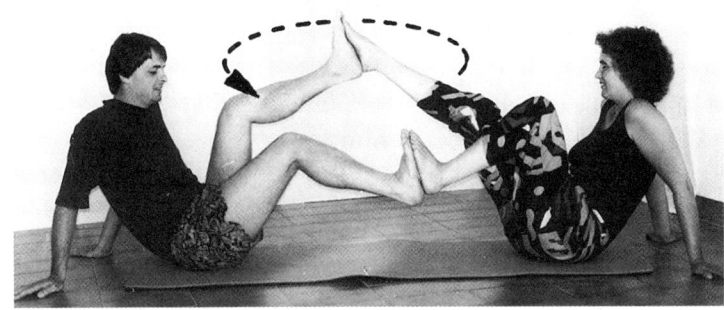

Abb. 4

Zwei Zauberschnüre 69

Hinweis: Die beiden Zauberschnüre (oder lange Schwingseile) liegen in etwa 3 m Abstand längs nebenden schulterbreit fassen und synchron große Armkreise ausführen, sechsmal rechts herum, sechsmal

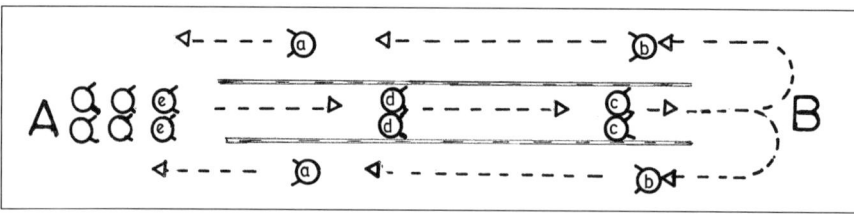

Abb. 1

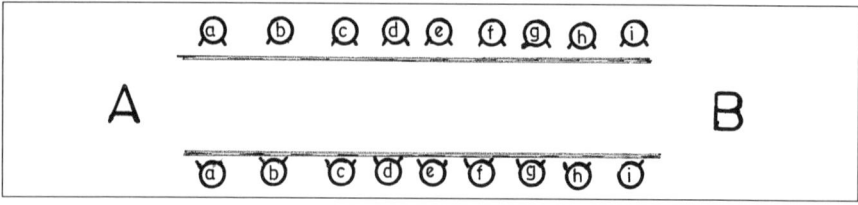

Abb. 2

einander. Läufe durch die Gasse (Abb. 1) abwechselnd mit Übungen in Linienaufstellung (Abb. 2).

1. Gleiches Tempo: Paarweise durch die Gasse laufen (Abb. 1) und außen – dicht neben der Schnur – zurück. Bei A und B wird der Partner jedesmal mit Händeklatschen „begrüßt" bzw. „verabschiedet" (Abb. 3).

2. Spiegelbild: Aufstellung nach Abb. 2. Die Schnur mit beiden Hän-

in der Gegenrichtung. Beim zweiten Durchgang bei den Schwüngen hohe Streckung und tiefe Kniebeuge.

3. Seitgalopp: In der Gasse mit Händefassen Seitgalopp, im Hopserlauf außen zurück.

4. Anhocken: Liegestütz über der Schnur, die Hände in der Gasse. Über die Schnur vor- und zurückhocken, ohne diese zu berühren.

5. Zick-Zack: Im Lauf durch die Gasse trennen sich beide mehrmals, um mit beiden Händen den Boden außerhalb der Schnur zu berühren.

6. Ohne Bodenberührung: In der Bauchlage mit beiden Händen die Schnur fassen und hochhalten. In größtmöglicher Höhe gleichzeitig mehrmals die Arme beugen (Schnur an die Stirn) und wieder strecken.

7. Je dreimal: Hand in Hand zwei Hüpfer auf dem inneren Bein in der Gasse, dann getrennt zwei außerhalb auf dem anderen Fuß, sofort wieder Wechsel nach innen usw.

8. Bodenübung: Bauchlage nebeneinander, mit beiden Händen das Seil fassen. Alle drehen sich gleichzeitig nach rechts in die Rückenlage, richten sich gemeinsam auf (Strecksitz) und senken die Schnur an die Fußspitzen. Dann wieder zurück in die Rückenlage, in die Bauchlage wälzen und einen zweiten Durchgang in die Gegenrichtung anschließen.

9. Umsteigesprünge: Wieder in der Längsrichtung. Beide beginnen gleichzeitig, führen zwölf Schlußsprünge schräg vorwärts, jeder über „seine" Schnur aus, und sollen genau gleichzeitig am Ende der Gasse ankommen.

Abb. 3

Zwei Zauberschnüre 70

Hinweis: Zwei Zauberschnüre, (ebenso lange Schwungseile oder mehrere Springseile) werden zu einem Ring verbunden. Vier Helfer setzen sich so, daß ein Rechteck entsteht und halten das Seil in Kniehöhe straff gespannt (Abb. 1). Die Helfer werden nach jeder Übung abgelöst.

abwechselnd über und dicht unter der Schnur vorstrecken.

3. Um das Rechteck: Wieder vier (oder mehr) „Runden" laufen. Diesmal an einer Seite über die Schnur in den Innenraum springen, an der nächsten Seite wieder heraus (Abb. 2).

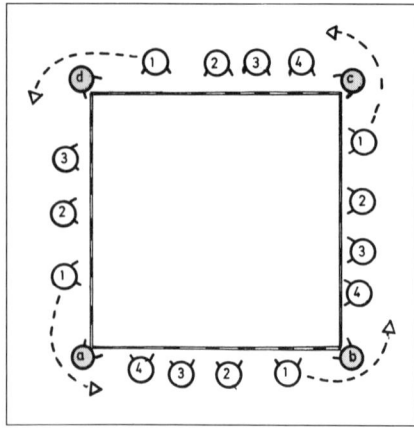

Abb. 1

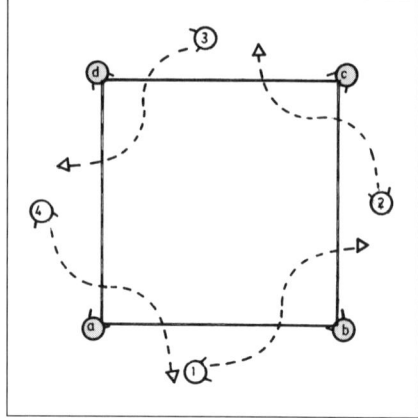

Abb. 2

1. Um das Rechteck: Alle stellen sich gemäß Abb. 1 gleichmäßig verteilt auf (jeder merkt sich seinen Platz). Vier (oder mehr) „Runden" um das Seilviereck laufen. Möglichst dicht am Seil bleiben, aber weder das Seil noch die sitzenden Helfer berühren. Auf Zuruf abstoppen und in der Gegenrichtung weiterlaufen.

2. Ohne Seilberührung: Strecksitz auf dem Startplatz, die Unterschenkel genau unter dem Seil. Die Füße

4. Aufbäumen: Bauchlage, mit den Unterarmen unter dem Seil. Den Oberkörper anheben und versuchen, mit den Handrücken das Seil zu berühren (Abb. 3).

5. Über die Ecken: Wieder einige Runden laufen, diesmal nahe vor den Sitzenden über die Ecken springen (Abb. 4).

6. Auf Tempo: Jeder muß auf seinem Vierecksplatz ohne Schnurberührung viermal in den Innen-

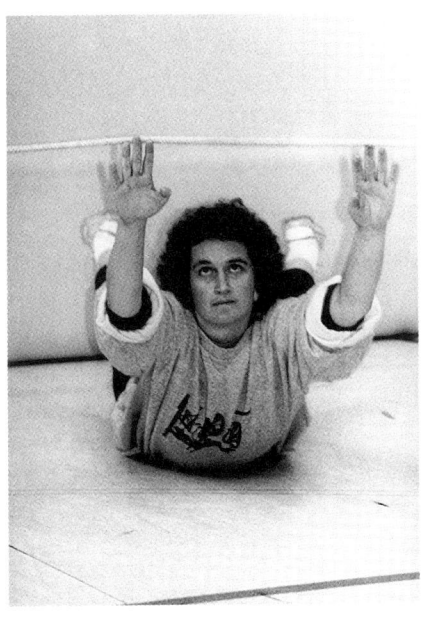

Abb. 3

chen und gleich wieder außerhalb weiterlaufen.

8. Vier Sprungserien: jeweils 6–12 Sprünge über die Schnur (die Höhe dem Leistungsvermögen der Schwächeren anpassen). Vier Teilnehmer (bei großen Gruppen acht) springen gleichzeitig. Danach absolviert die nächste Vierergruppe ihre Serie: Schlußsprünge vorwärts, Zwischenhupf mit halber Drehung. Schlußsprünge seitwärts mit (ohne) Zwischenhupf. Schlußsprünge vorwärts mit halber Drehung in der Luft. „Kürsprünge" z. B. einbeinig, Hände in Nackenhalte o. ä.

raum kriechen und sofort wieder herausspringen. *„Wer ist der Schnellste?"*

7. Im Kreis auf allen vieren: Um das Seilviereck laufen. Auf Zuruf hinter der nächsten Ecke über die Leine springen, im Innenraum auf allen vieren zur Gegenseite krie-

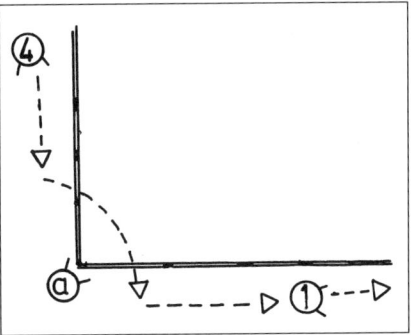

Abb. 4

Springseil 71

Hinweis: Jeder hat ein Springseil. Laufen in steigender Belastung (1, 3 usw.) im Wechsel mit körperbildenden Übungen an Ort und Stelle (2, 4 usw.).

1. Jedesmal Seilwechsel: Mit zusammengeknäueltem Seil „kreuz und quer" laufen. Auf Zuruf läßt jeder sein Seilknäuel fallen und setzt sich schnell neben ein anderes. *„Wer wird Letzter?"*

2. Rumpfdrehen: Im Grätschsitz das Seil mit beiden Händen hinter dem Rücken ablegen. Dann weites Rumpfdrehen und das Seil von der anderen Seite aus wieder aufnehmen.

3. Slalomlauf: Die Seile bleiben als Knäuel liegen. Im Slalomlauf möglichst viele Seile mit der kurveninneren Hand berühren.

4. Sit-up: Im Hocksitz das Seil schulterbreit fassen. Abwechselnd Rückenlage und Rumpfbeuge vorwärts, das Seil berührt einmal die Füße und dann den Boden hinter dem Kopf.

Abb. 1

5. Links voraus: Laufen mit Seilspringen, Seildurchschlag bei jedem zweiten Schritt, also immer mit dem gleichen Fuß voraus (Abb. 1). *„Wer kann nach jeweils sechs Durchschwüngen „reibungslos" auf den anderen Fuß umwechseln?"*

6. Rumpfdrehen: Abb. 2; das Seil schulterbreit fassen und gespannt halten. Den Oberkörper anheben

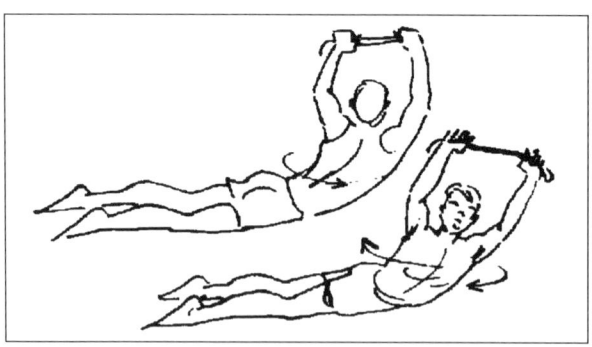

Abb. 2

und so weit drehen, bis das Seil beinahe in der Senkrechten spannt.

7. Schnell schwingen: Laufen mit Seildurchschlag bei jedem Schritt. *„Wer kann dabei die Absätze ans Gesäß hochschlagen?"* *„Wer kann die Unterschenkel weit vorschleudern?"*

8. Ohne Abstützen: Im Schwebesitz das doppelte Seil mit einer Hand unter dem Gesäß durchschwingen (Abb. 3). Einige Kreisschwünge über dem Kopf, dann den ganzen Körper anspannen und die Schultern im richtigen Augenblick ruckartig hochreißen. *„Wer schafft mehrere Durchschwünge in Folge?"*

9. Kürübung: Wieder mit Seilspringen „kreuz und quer" laufen. Jeder erprobt rhythmische Schritt- und Schwungkombinationen.

Abb. 3

Springseil 72

Hinweis: Jeder hat ein Springseil. Mit dem Seil laufen oder Seilspringen im Lauf (1, 3, usw.) im Wechsel mit Dehnen und Seilspringen an Ort und Stelle (2, 4 usw.).

1. Dicht dahinter durchlaufen: Kurvenlauf, das Seil lang hinterherziehen. Jeder soll möglichst oft über das Seil anderer Teilnehmer laufen, ohne diese zu stören oder auf ein Seil zu treten.

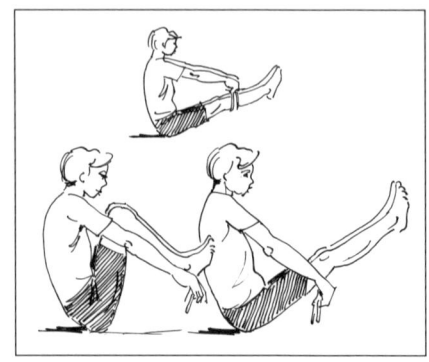
Abb. 1

2. Seil vierfach: Im Hocksitz das Seil vierfach in Vorhalte. Die Beine abwechselnd über und unter dem Seil strecken (Abb. 1).

3. Drauftreten: Wieder beliebig laufen und das Seil mit zwei Fingern locker an einem Ende gefaßt hinterherziehen. Möglichst oft auf das Seilende anderer Teilnehmer treten. Wer dadurch sein Seil verliert, macht sechs Kniebeugen und darf dann wieder mitmachen.

4. Zur Seite: Bauchlage, das Seil vierfach in Hochhalte. Den Rumpf möglichst weit anheben und das Seil in weiten Ausschlägen waagerecht nach links und rechts bewegen.

5. Mit Leerschwüngen: Laufen mit beliebigem Seilspringen. Immer wieder zwei Kreisschwünge links und rechts neben dem Körper und gleich weiterspringen. „Wer kann einen bestimmten Rhythmus durchhalten?" „Wer kann nach den bei-

Abb. 2

den „Leerschwüngen" jedesmal mit einem anderen Sprungrhythmus weitermachen?"

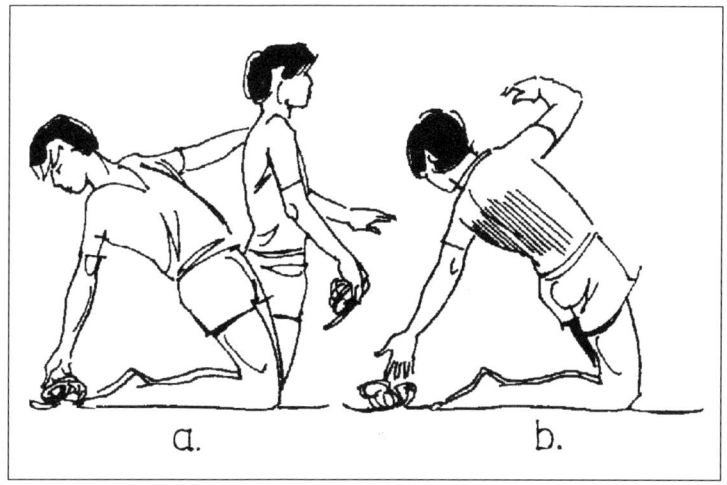

Abb. 3

6. **Steigen:** Das Seil vierfach gespannt halten und vorwärts (Abb. 2) und rückwärts übersteigen. *"Wer kann enger fassen?" "Wer kann beidbeinig über das gespannte Seil springen?"*

7. **Sprungserien:** Seilspringen an Ort und Stelle. Mehrere Serien in immer neuen Varianten: beidbeinig, einbeinig, mit und ohne Zwischenhupf. Die Belastungsdauer könnensgemäß festlegen; zwischen den Sprungserien Lockerungspausen.

8. **Hinten Ablegen:** Abb. 3; abwechselnd nach rechts und links zurückbeugen; das Seil einmal ablegen (a), dann aufnehmen (b).

9. **Hohe Schule:** *"Wer kann mit Doppeldurchschlag springen?" "Wer kann die Arme beim Springen überkreuzen?"* (Abb. 4).

Abb. 4

Springseil

Hinweis: Paare mit einem Seil. Laufen und dehnen, dann springen und kräftigen.

1. Schattenlaufen: Jeder faßt ein Seilende und beide laufen hintereinander. Der Vordermann läuft Kurven (Abb. 1) und wechselt häufig das Tempo. Der hintere Partner soll das Seil straff halten, aber nicht bremsen. Auf Zuruf wechselt die Führung.

4. Widerstand: Bauchlage gegenüber, das Seil vierfach mit beiden Händen eng fassen. Einer drückt das Seil nach unten, der andere versucht, es hochzuheben. Rollentausch nach vier Versuchen.

5. Einer springt: Beide schwingen (Abb. 2), a springt beidbeinig mit Zwischenhupf im Kreis um b; dann Rollentausch. *„Welchem Paar gelingt der Wechsel ohne den Schwung zu unterbrechen?"*

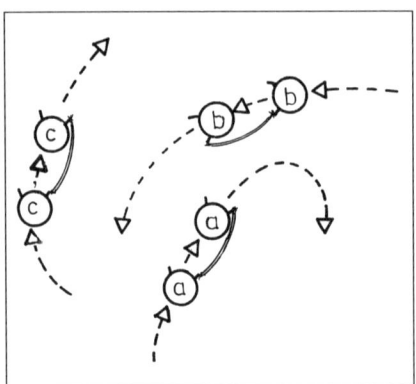

Abb. 1

2. Synchron: Frontal gegenüberstehen, jeder faßt ein Seilende mit beiden Händen. Mit straffem Seil sechsmal große Armkreise vor dem Körper; beide Richtungen.

3. Sechs-Tage-Rennen: Nebeneinander laufen, das Seil vierfach mit der inneren Hand fassen. Der äußere hängt immer wieder zurück und wird dann mit „Ablöseschwung" nach vorne geschleudert. Platzwechsel nach zwei Runden.

Abb. 2

6. Rührwerk: a faßt im Schwebesitz das doppelte Seil in der Mitte; b steht schräg vor ihm und hält die

Abb. 3

beiden Enden. Ohne loszulassen dreht sich a aus dem Schwebesitz in die Bauchlage (die geschlossenen Beine seitlich zurückschwingen) und sofort weiter bis in den Schwebesitz. b hilft ihm durch Ziehen am Seil. Mehrmals in beiden Richtungen, dann Wechsel.

7. Beide springen: Schulter an Schulter stehen (evtl. beim Partner einhaken oder seine Hand fassen). Das Seil mit der äußeren Hand schwingen und gleichzeitig springen. *„Welches Paar kann dabei gehen oder laufen?"*

8. Laufende Hürde: Die beiden Läufer spannen das Seil in Hüfthöhe (Abb. 3); wer sich nicht rechtzeitig bückt und das Seil berührt, erhält einen Strafpunkt. Auf dem Rückweg halten sie das Seil kniehoch und alle müssen rechtzeitig hochspringen.

Springseil 74

Hinweis: Paare mit einem Seil. Abwechselnd mit dem Seil laufen (1, 3, usw.) und Seilspringen an Ort und Stelle (2, 4, usw.).

1. Partnerwechsel: Einer steckt ein Ende des Seils hinten in den Hosenbund, der andere hält das andere Ende. Beide laufen hintereinander, das Seil soll locker durchhängen, darf aber den Boden nicht berühren. Auf Zuruf lassen alle Hinterleute das Seil los und suchen sich einen anderen Partner. Wer aus Versehen ein Seil aus dem Hosenbund herauszieht, wird zum Vordermann.

2. Körperspannung: Abb. 1; durch gleichzeitiges Verschieben der Hüfte die Körperspannung verstärken und dann wieder aufrichten.

3. Zick-zack: Einer läuft und zieht das Seil lang hinter sich her, der andere folgt und soll möglichst oft schräg über das Seil springen (Abb. 2). Auf Zuruf Wechsel.

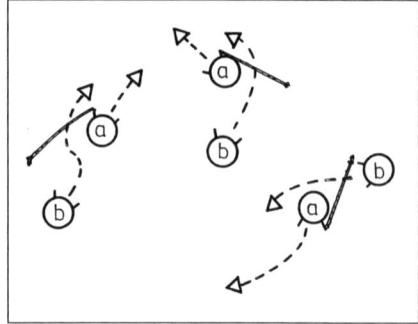

Abb. 2

4. Gegen Widerstand: Beide im Grätschsitz gegenüber, das Seil doppelt mit beiden Händen fassen. A senkt sich zur Rückenlage, B gibt Widerstand und beugt sich langsam nach vorn; dann umgekehrt.

5. Gemeinsam schwingen und springen: Nebeneinander stehen, das Seil mit der äußeren Hand schwingen und gleichzeitig springen.

6. Bein gegen Arme: Beide Hocksitz gegenüber. A hält in jeder Hand ein Seilende, B legt die Seilmitte über den Rist eines Fußes. A soll dieses Bein in die Streckung ziehen, B stemmt sich dagegen und

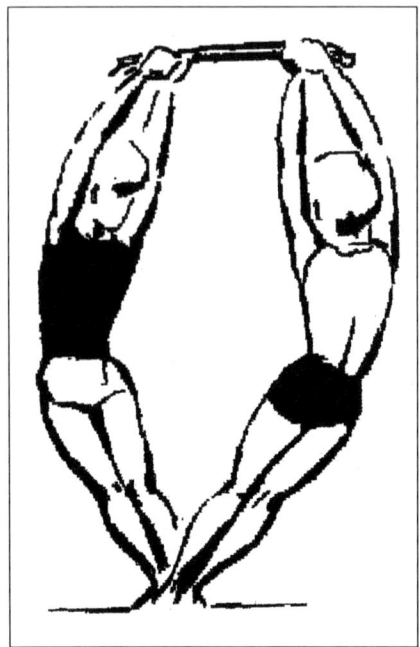

Abb. 1

versucht die Beugestellung zu erhalten. Ebenso mit dem anderen Bein, dann Wechsel.

7. Der hintere springt mit: Beide stehen dicht hintereinander, der hintere mit den Händen auf den Schultern des vorderen. Dieser schwingt das Seil und beide springen (Abb. 3).

8. Immer schneller: Das Seil dicht am Boden hin- und herschwingen; zuerst langsam, dann immer schneller. Der Partner muß bei jedem Durchschlag hochspringen (Abb. 4).

Abb. 4

9. Seilwechsel in Etappen: Einer schwingt und springt beidbeinig mit Zwischenhupf. Ohne den Seilschwung zu unterbrechen, übernimmt der Partner zunächst ein Seilende und springt dann im gleichen Rhythmus mit. Danach soll der erste nicht mehr springen, sondern nur weiterschwingen und schließlich dem zweiten auch das andere Seilende übergeben. *„Welchem Paar gelingen die meisten Wechsel?"*

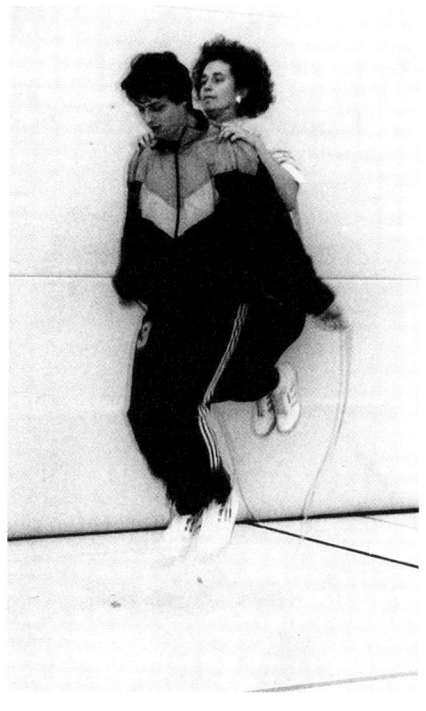

Abb. 3

Springseil

Hinweis: Je drei Teilnehmer mit einem Springseil. Abwechselnd laufen und Sprungserien.

1. Hintereinander: Das Seil mit der rechten Hand fassen und hintereinander laufen. Jeder darf einmal führen. Auf Zuruf das gespannte Seil hochschwingen und über dem Kopf den Griff wechseln. *„Welche Gruppe kann dies ohne Zuruf im Laufrhythmus?"*

2. Straff halten: Im Kniestand das Seil angespannt halten und um den dritten herumführen. Der Mittelmann bückt sich (Abb. 1) bzw. steigt (oder springt) über das Seil (Abb. 2).

3. Platzwechsel: Wieder mit straffem Seil hintereinander laufen (Abb. 3). Nach einigen Schritten lassen die Mittelleute (b) los, laufen hinten herum auf die andere Seite und fassen das Seil möglichst weit vorne. Der Vordermann (a) rückt nun in die Mitte. Auch er muß nach einigen Schritten loslassen, aber dann vorne überholen und am Ende zufassen. Jetzt rückt der Hintermann (c) in die Mitte usw.

4. Rechtzeitig abspringen: Zwei lassen das Seil dicht über dem Boden hin- und herpendeln. Der Mittelmann muß jedesmal hochspringen. Wechsel nach zehn Sprüngen; mehrere Durchgänge.

Abb. 1

Abb. 2

5. Überholen und Sprung: Zwei fassen die Knoten, gehen nebeneinander und schleppen die Seilmitte auf dem Boden. Der dritte läuft voraus und überspringt das Seil; Wechsel nach fünf Sprüngen.

6. Sprungserien: Zwei schwingen das Seil mit großen Armschwüngen, der dritte springt in der Mitte. Er kann Schlußsprünge mit und ohne Zwischenhupf machen oder einbeinig springen. Wechsel nach 20 Sprüngen oder nach dem dritten Fehler.

7. Jeweils sechs Sprünge: Zwei schwingen das Seil, der dritte muß im richtigen Augenblick in die Mitte laufen, dort sechsmal springen und wieder herauslaufen ohne den Kreisschwung zu stören. Ablösung nach drei Versuchen.

8. Pendellauf: Nebeneinander von einer Endlinie zur anderen laufen. Zwei schwingen das Seil, der mittlere läuft mit und muß bei jedem Durchschlag springen. Ablösung auf den Linien, jeder ist zweimal Mittelmann.

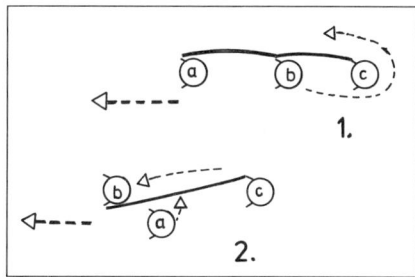

Abb. 3

Springseil

Hinweis: Dreiergruppen mit einem Springseil. Das Seil an den Enden zusammenknoten. Abwechselnd laufen und gymnastische Übungen an Ort und Stelle.

1. Nicht anstoßen: Zwei halten den Seilring weit geöffnet waagerecht um den dritten und sorgen dafür, daß er nicht am Seil anstößt (Abb. 1). Der mittlere darf beliebig gehen, beschleunigen und bremsen. Jeder ist einmal Mittelmann.

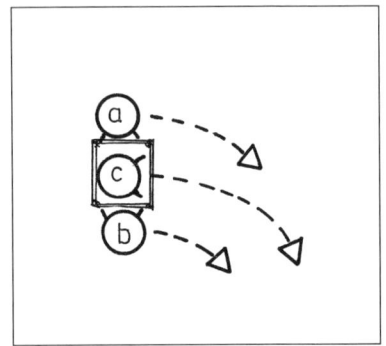

Abb. 1

2. Seitlich hoch: Im Dreieck das Seil mit beiden Händen eng fassen und den Oberkörper zurücklehnen. Abwechselnd das linke und rechte Bein hochschwingen (Abb. 2).

3. Wagenlenken: Im Dreiecksverband laufen. Zwei laufen voraus und halten das Seil mit einer Hand. Der hintere faßt breit mit beiden Händen, hält das Seil straff und lenkt seine beiden Zugpferde.

Abb. 2

Abb. 3

4. Der Knoten wandert: Abb. 3; das Seil möglichst hoch anheben und nach links durchreichen. Nach einer Pause wandert der Knoten ebenso in der anderen Richtung.

5. Seitgalopp: Im Dreieck mit beiden Händen schulterbreit fassen und Seitgalopp rechts herum. Das Tempo steigern und weit nach hinten „in die Kurve" legen.

6. Scheibenwischer: Abb. 4; das Seil straff anspannen. Die gestreckten Beine schwingen in der Vertikalebene.

7. Seitgalopp mit Raumgewinn: Wieder Seitgalopp im Kreis. Jeder vergrößert diesmal die Hopserschritte in eine bestimmte Richtung und verkürzt sie in die entgegengesetzte.

8. Bogenspannung und Rumpfbeuge: Mit dem Rücken zueinander, das Seil in Hochhalte. Alle schieben die Hüfte vorwärts, verharren einige Zeit in der Bogenspannung, drehen sich dann gleichzeitig nach innen und hängen weit nach hinten am Seil.

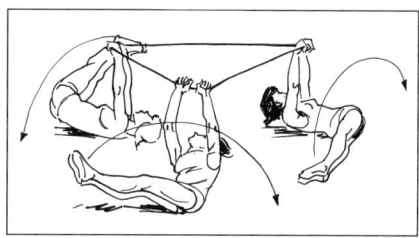

Abb. 4

9. Hüpfstaffel: Alle beginnen auf einer Seitenlinie. A und B halten das Seil unter Kniehöhe vor C. Dieser soll mit möglichst großem Raumgewinn aus der Hocke über das Seil springen und sofort wieder in den Hockstand gehen. Die beiden heben das Seil über C weg und halten es wieder in einen günstigen Abstand vor C. Dieser springt erneut usw., bis die andere Seitenlinie erreicht ist. Auf dem Rückweg springt B und A und C halten das Seil. Der Springer darf das Seil nicht berühren. Raumgewinn ist nur durch die Sprünge über das Seil möglich.

Schwingseil 77

Hinweis: Bis zu 30 Teilnehmer mit einem 8 m langen Schwingseil. Als Ersatz eignen sich drei aneinander geknüpfte Springseile. Das Seil wird von zwei Helfern (Abb. 2: m und n) „bedient".

Auf jede Seilübung folgt eine Dehnungsübung ohne Seil. Die Auswahl wird auf den Hauptteil der Sportstunde abgestimmt und den Bedürfnissen der Gruppe angepaßt (oder jeder kann sich eigene Dehnübungen auswählen).

schließlich in größeren Gruppen (Abb. 1).

2. Erste Dehnungsübung
(z. B. Beinmuskulatur).

3. Nicht Abbremsen: Wieder in Kleingruppen die pendelnde Leine überlaufen. Jede Gruppe soll so starten, daß sie ohne das Lauftempo zu verändern durchlaufen kann und niemand die Leine berührt.

Abb. 1

1. Das Seil pendelt: Die beiden Helfer lassen das Seil gleichmäßig dicht über dem Boden hin und her pendeln. Die anderen sollen zunächst einzeln – im richtigen Augenblick auf einer Endlinie starten und ohne das Seil zu berühren zur anderen Endlinie durchlaufen. Dasselbe paarweise mit Handfassen und

4. Zweite Dehnungsübung
(z. B. Rumpf).

5. Abstoppen und springen: Von der Endlinie zur Mitte laufen, dort mehrmals über das pendelnde Seil springen und um die Helfer herum wieder zum Startplatz zurücklaufen.

6. Dritte Dehnungsübung
(z. B. Arme und Schultern).

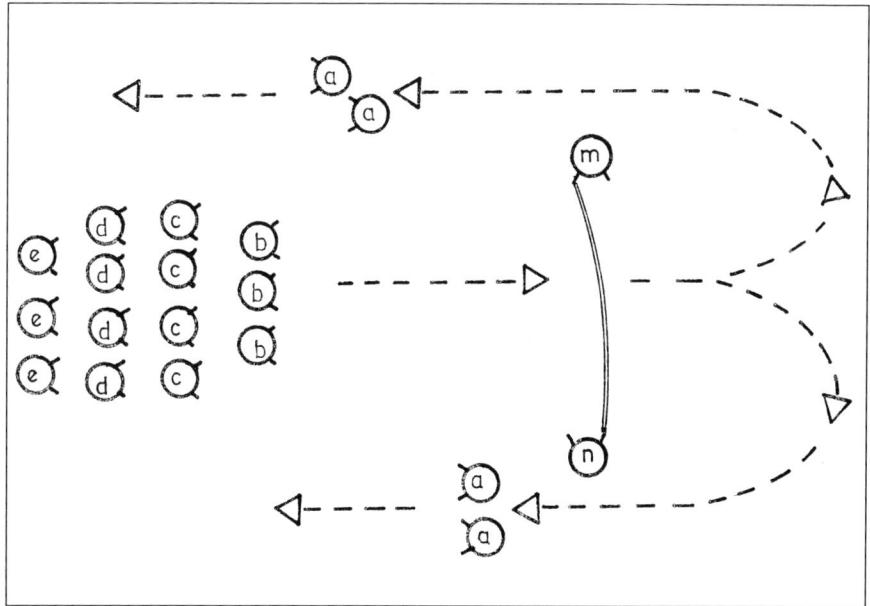

Abb. 2

7. Das Seil schwingt: Das Seil wird mit großen Armkreisen langsam geschwungen. In Seilnähe genau rechtzeitig starten und ohne Seilberührung zur Endlinie durchspurten; außerhalb zurückgehen. Zunächst einzelne, dann Paare und schließlich in Gruppen (Aufstellung siehe Abb. 1).

8. Vierte Dehnungsübung

9. Zwei Sprünge: In das schwingende Seil laufen, dort zweimal springen (Abb. 2) und dann schnell herauslaufen. Bei jedem zweiten Seildurchschwung startet der nächste (die nächste Gruppe) in die Mitte. Das Seil soll immer „besetzt" sein.

10. „Alle rein!": In das schwingende Seil laufen und dort fortgesetzt springen. Bei jedem Seildurchschwung kommt ein weiterer Teilnehmer dazu. *„Wie viele können mitspringen, ehe der erste Fehler passiert?"*

Rundseil

Hinweis: Ein ca. 10 m langes Seil (Tau oder aneinandergeknotete Springseile) zu einem Ring verbinden. 6–8 Teilnehmer pro Seil. Laufübungen wechseln mit Dehnungs- und Kraftübungen.

1. Genau im Kreis: Gleichmäßig verteilen und mit der rechten Hand das Seil fassen (Abb. 1). Im Kreis laufen; auf Zuruf schnell abbremsen, drei Schritte rückwärts gehen und wieder vorwärts starten.

2. Über das Seil: Abb. 2; das Seil kniehoch halten und ohne loszulassen zwischen den Armen durch darübersteigen. Gleich wieder rückwärts zurück.

3. In die Kurve legen: Das Seil mit gestrecktem Arm straff halten und im Kreis laufen. Das Tempo steigern und nach außen hängen. Dann lokker auslaufen und Steigerungslauf in der anderen Richtung.

4. Rumpfbeugen synchron: Alle bewegen sich genau gleichzeitig, das Seil berührt einmal die Fußspitzen (Abb. 3), dann den Boden hinter dem Kopf (Abb. 4).

5. Von außen nach innen: Im Lauf das Seil gemeinsam hochschwingen; oben Griffwechsel und innerhalb des Seilringes weiterlaufen. Dann ebenso wieder nach außen, das Seil soll immer straff gespannt bleiben.

6. Um das Seil: Das Seil etwa kniehoch halten. Jeder zweite läßt das Seil los, springt darüber in das Kreisinnere und kriecht unten durch

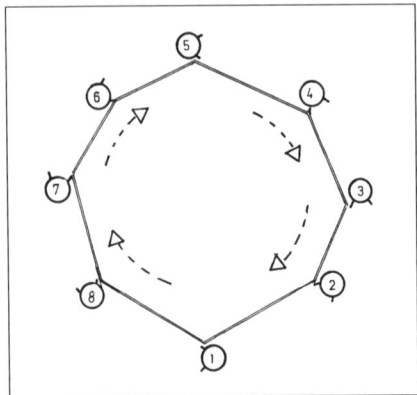

Abb. 1

Abb. 2

Abb. 3

Abb. 4

wieder heraus. Mehrere Wiederholungen, dann Wechsel.

7. Umkehren am Startpunkt: Hopserlauf im Kreis; nach jeder Runde abstoppen und in der anderen Richtung weiter.

8. Gegen Widerstand hochheben: Alle sitzen um den Kreisring. Beim Startkommando soll jeder zweite versuchen, das Seil mit dem Fußrist anzuheben. Die Nebenleute drücken mit den Unterschenkeln nach unten. Wechsel nach drei Versuchen.

9. Zwei gegen alle: Alle stehen im Kreis und halten halten das Seil straff. Zwei Gegenüberstehende sollen versuchen, das Seil in die Mitte zu schieben und möglichst nahe zusammenzukommen. Ihre Nebenleute ziehen in die Gegenrichtung.

Rundseil 79

Hinweis: Für jeweils 8 Teilnehmer ein ca. 10 m langes Seil zum Ring verbinden oder 8 Springseile aneinanderknoten.

1. Kreisverkehr: Gleichmäßig verteilt fassen alle das Seil mit der rechten Hand und laufen im Kreis (um den Basketballkreis oder einen deutlich markierten Kreismittelpunkt). Das Seil wird einmal dicht über dem Boden und dann in der Hochhalte getragen. Auf Zuruf rückwärts laufen, dann Griffwechsel und in der Gegenrichtung weiterlaufen.

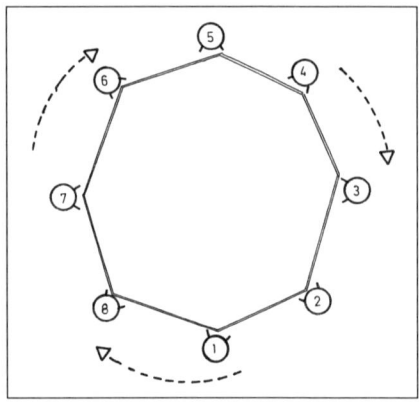

Abb. 1

2. Das Seil wandert: In der Bauchlage das gespannte Seil hochheben und im Uhrzeigersinn möglichst schnell durchreichen. Nach einer Pause ebenso in der Gegenrichtung.

3. Seitgalopp: Alle fassen das Seil mit beiden Händen und hüpfen seitwärts (Abb. 1). Richtungswechsel auf Zuruf oder in gemeinsamem Rhythmus, z. B. nach jedem sechsten Hüpfer anhalten, viermal an Ort und Stelle springen und dann weiter in der Gegenrichtung. Temposteigerung und nach außen „in die Kurve legen".

4. „La Ola": Abb. 2; einer beginnt mit Rumpfkreisen, die Nebenleute bremsen bzw. setzen die Kreisbewegung fort. Im Kreis soll kontinuierlich eine Welle weiterlaufen.

Abb. 2

5. Um das Seil: Jeder zweite sitzt, hält das Seil in Brusthöhe und wechselt fortgesetzt zwischen Hocksitz und Schwebesitz. Die Partner kriechen auf dem Bauch ins Kreisinnere und springen über das Seil wieder heraus. Wechsel nach einer Minute.

6. Slalom unten durch: Jeder zweite steht und hält das Seil in Vorhalte. Die Partner laufen im Slalom zwei Runden um die „Kreisspieler", ohne das Seil zu berühren. Dann Wechsel. *„Gelingt die Übung auch dann, wenn die Kreisspieler synchron Kniebeugen ausführen?"*

7. Hebebühne: Alle sitzen im Kreis und geben sich die Hände. Das Seil liegt auf den Füßen und wird gleichmäßig hochgehoben und gesenkt.

8. Ziehkampf: Rückenlage, das Seil auf dem Fußrist. Die gestreckten Beine anheben und das Seil über dem Kopf nach außen ziehen.

9. Katze und Maus: Abb. 3: ein Spieler wird als Maus gekennzeichnet (ganz oben mit dunklem Trikot). Ein zweiter Spieler (ganz rechts) bewegt sich als Katze frei außerhalb des Kreises und will die Maus abschlagen. Der Kreis muß durch schnelles Laufen und durch Richtungswechsel der Maus helfen. Wechsel bei Erfolg der Katze oder nach jeweils einer halben Minute.

Abb. 3

Tau 80

Hinweis: Je 6–8 Teilnehmer üben an einem Tau (Schwungseil oder aneinander geknotete Springseile). Laufübungen (1, 3 usw.) wechseln mit Übungen an Ort und Stelle (2, 4 usw.)

1. Schlangenlinie laufen: Das Tau mit einer Hand fassen und tragen. Alle folgen in Reihe der „Spur" des Vordermannes. Der Führende soll Kurven laufen (Abb. 1) und das Tempo wechseln, darf aber andere Gruppen nicht stören.

2. Kreisschwünge synchron: Aufstellung gemäß Abb. 2 im Grätschstand; synchrone Kreisschwünge vor dem Körper mit weitausholendem Arm- und Körpereinsatz. Nach jeweils fünf Kreisen die Schwungrichtung wechseln.

3. Mit Seitenwechsel: Versetzt aufstellen (siehe Abb. 2), d.h. der erste steht auf der rechten Seite und faßt das Tau mit der linken Hand, der zweite umgekehrt usw. Wie bei 1: Kurvenlauf. Auf ein Zeichen des Vordermannes schwingen alle das Tau gleichzeitig in die Höhe, fassen oben mit der anderen Hand und wechseln – ohne das Lauftempo zu ändern – auf die Gegenseite.

4. Vorne senken und hinten hoch: Nebeneinander stehen und das Tau schulterbreit fassen. Alle senken es gleichzeitig aus der Hochhalte bis Kniehöhe, steigen darüber und führen es hinter dem Rücken wieder zur Hochhalte. Nach vier Wieder-

Abb. 1

holungen dasselbe in der anderen Richtung, also hinten senken und vorne hochheben.

5. Mit Platzwechsel: Wieder versetzt laufen (siehe Übung 3). Der Vordermann verläßt plötzlich seinen Platz, läuft nach hinten und faßt auf der Gegenseite des letzten der Schlange wieder zu. Alle rücken im Laufen sofort einen Platz nach vorne. Der neue Vordermann führt einige Zeit und läuft dann ebenfalls ans Ende.

6. Sit-up mit Seil: Alle liegen nebeneinander auf dem Rücken, die Beine gebeugt und das Tau in Hochhalte. Gemeinsam in den Sitz aufrichten – das Tau berührt die Fußspitzen – und wieder in die Rückenlage senken.

7. Platzwechsel und Slalomlauf: Wie Übung 5, diesmal jedoch im Gehen, und der jeweils letzte muß im Slalom um die Vorderleute und unter dem Seil durch auf den Platz des Führenden laufen. Alle anderen rücken einen Platz nach hinten.

8. Abrollen und Aufstehen: Alle halten das Tau in Vorhalte, gehen gleichzeitig in die Hocke, rollen nach hinten ab und sollen mit einem kräftigen Vorschwung gleich wieder aufstehen (bei Bedarf bleiben die beiden Äußeren stehen und unterstützen die Aktion durch Bremsen bzw. Ziehen am Tau).

9. Schlußsprünge: Das Tau liegt auf dem Boden; alle absolvieren gleichzeitig einige Sprungserien: Schlußsprünge seitwärts, vor und zurück; Umsteigesprünge; einbeinige Sprünge.

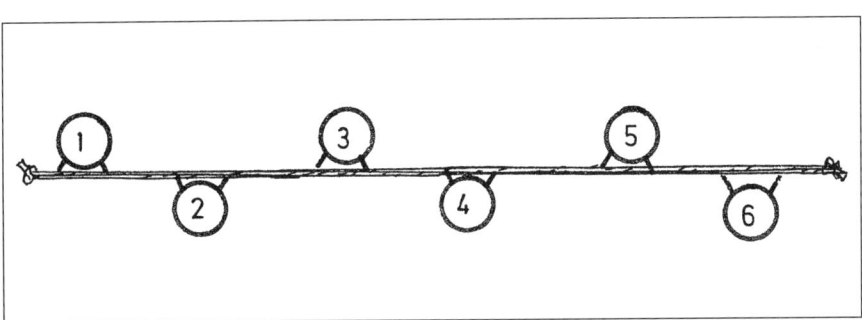

Abb. 2

Gymnastikstab und Volleyball 81

Abb. 1

Hinweis: Paare mit einem Volleyball und zwei Gymnastikstäben. Mit dem Partner etwa 5 Min. laufen, dann Geschicklichkeitsübungen; als Abschluß ein Staffelwettbewerb.

1. **Eishockey:** Nebeneinander laufen, den Ball mit dem Stab führen und zum Partner abspielen.

2. **Immer schneller:** Abb. 1; Abstand 3 m. Den Ball in der richtigen Höhe anstoßen und als Flachpaß zum Partner spielen.

3. **Nur mit dem Stab:** Nebeneinander gehen und den Ball mit dem Stab als Bodenpaß zum Partner prellen.

4. **Volley:** Den Ball zwei- oder dreimal mit dem Stab senkrecht hochschlagen und dann zum Partner abspielen. *„Welches Paar kann den Ball am längsten in der Luft halten?"*

5. **Rollen:** Bauchlage in 2 m Abstand. Beide stellen den Stab senkrecht und halten ihn mit einer Hand im oberen Drittel fest. Mit der freien Hand wird der Ball zweimal um den eigenen Stab und dann zum Partner gerollt. Handwechsel nach jedem Abspiel.

6. **Balancieren:** Nebeneinander laufen und den Ball mit dem Fuß abspielen. Jeder muß dabei seinen Stab senkrecht auf der flachen Hand balancieren.

7. **Unten durch:** Den Stab senkrecht stellen und mit einem Finger von oben festhalten. Den Ball zweimal um den Stab prellen und dann mit einem genauen Bodenpaß zum Partner abspielen. Handwechsel nach sechs Durchgängen.

8. **Kürprogramm:** Abb. 2; den Ball rollen lassen, dabei Kniestand, Sitz,

Abb. 2

Bauchlage. Denn Ball fallen lassen und wieder auffangen, hochwerfen und auffangen. Welches Paar findet die schwierigsten Varianten?

9. Dachrinne: Jeweils drei Paare bilden eine Mannschaft. Alle Mannschaften beginnen nebeneinander auf einer Endlinie. Der Ball soll wie in einer Rinne rollen (Abb. 3) und darf nicht herabfallen (Strafe 3 m zurück). *„Welche Mannschaft erreicht zuerst die andere Endlinie?"*

Abb. 3

Gymnastikreifen und Volleyball 82

Hinweis: Paare, ein Partner hat einen Reifen, der andere einen Volleyball. Bei jeder Übung werden nach einer festgelegten Übungszeit die Geräte getauscht.

1. Schattenlaufen: Den Reifen mit der flachen Hand anstoßen und in Kurven rollen. Die gesamte Übungsfläche ausnützen, freie Räume suchen. Der Partner dribbelt mit der Hand und folgt als „Schatten".

2. Dehnung: Beide im weiten Grätschstand. Mit dem Reifen Rumpfbeugen in großen Schwüngen (Abb. 1 und Abb. 2). Sein Partner läßt den Ball in einer Acht um die Beine kreisen (Abb. 3).

Abb. 1

Abb. 2

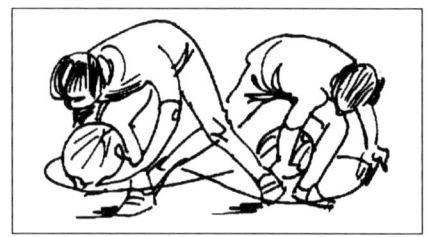

Abb. 3

3. Einholen: Beide beginnen Rücken an Rücken auf der Mittellinie. Jeder rollt sein Gerät in Richtung Endlinie, läuft hinterher und holt es zurück. Nach einigen Versuchen die Geräte austauschen. In einem zweiten Durchgang wird gleichzeitig gerollt und das Gerät des Partners eingeholt und zurückgebracht.

4. Werfen: Abstand etwa 4 m. Beide werfen ihr Gerät gleichzeitig zum Partner; den Reifen flach und den Ball höher oder den Reifen rechts und den Ball links vorbei.

5. Im Reifen: Abb. 4; Ballführen mit dem Fuß; viele Richtungs- und Tempowechsel. Der Partner folgt und soll den Reifen immer so halten, daß der Dribbelnde nicht gebremst wird (oder sogar, daß er nicht anstößt).

6. Wälzen: Mit dem Reifen oder Ball in der Hochhalte aus dem Strecksitz nach links in die Bauchlage wälzen und wieder zum Sitz zurückdrehen. Die Arme (und das

Abb. 4

Gerät) dürfen den Boden nicht berühren. Ebenso nach rechts.

7. Hockwenden: Im Liegestütz vorlings Hockwenden über den Reifen (flach und weit) und über den Ball (eng und hoch).

8. Schnell werfen: Einer rollt den Reifen geradeaus. Beide laufen links und rechts daneben und sollen sich den Ball möglichst oft durch den Reifen zuwerfen. *„Welches Paar schafft die höchste Serie, ehe der Reifen umfällt?"*

Medizinball und Volleyball 83

Hinweis: Paare, ein Partner hat einen Medizinball, der andere einen Volleyball (Handball, Basketball, Weichball). Laufen mit dem Ball wechselt mit Partnerübungen an Ort und Stelle.

1. Balltausch: Locker laufen, den Ball tragen und auf Zuruf mit dem des Partners tauschen.

2. Bauchlage: Abb. 1; die Bälle sollen immer schneller von Hand zu Hand rollen. Immer wieder Richtungswechsel.

3. Einer rollt: Den Ball tragen und nebeneinander laufen. Der Partner mit dem Medizinball darf diesen plötzlich in eine beliebige Richtung wegrollen. Der zweite wirft sofort seinen eigenen Ball senkrecht hoch und folgt dem Medizinball. Beide nehmen den anderen Ball auf und laufen wieder nebeneinander.

4. Nur mit den Füßen: Abb. 2; Abstand etwa 3 m. Mit den Füßen annehmen und wegstoßen.

Abb. 1

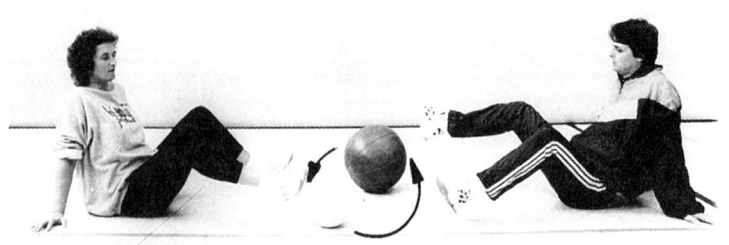

Abb. 2

5. Fußballdribbling: Nebeneinander laufen und den Ball dicht am Fuß führen. Auf Zuruf den eigenen Ball verlassen und den des Partners übernehmen.

6. Einer mit den Füßen: Im Abstand von etwa 4 m gegenübersitzen. Einer wirft, der Partner fängt den Ball mit den Händen und stößt ihn dann mit den Fußsohlen zurück. Wechsel nach zehn Wiederholungen.

7. Abspiel auf ein Zeichen: Beide führen den Ball eng am Fuß und sollen den Partner beobachten. Auf ein Zeichen spielt jeder seinen Ball beliebig weg und soll möglichst schnell den Ball des Partners zurückholen. Welches Zeichen maßgebend ist und wer es geben darf, wird vorher vereinbart.

8. „Scheibenwischer": Abb. 3; den Ball gegengleich mit gestreckten Beinen von einer Seite zur anderen heben.

9. Transportstaffel: Jeder beginnt auf einer Endlinie. Beide laufen zur Mittellinie, tauschen dort mit dem Partner den Ball und kehren auf den Startplatz zurück. *„Welches Paar ist am schnellsten?"* Dasselbe, aber mehrere Läufe in Folge.

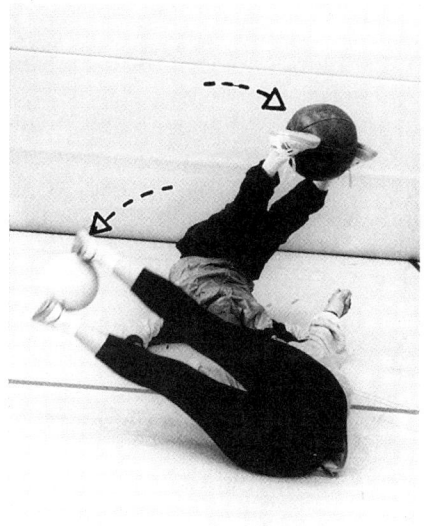

Abb. 3

Fußball und Handball 84

Hinweis: Paare, einer von beiden hat einen Fußball, der andere einen Handball. Partnerübungen im Laufen wechseln mit solchen an Ort und Stelle.

1. Sechsmal um den Partner: Den Fußball im Gehen mit der Innenseite führen; der Partner dribbelt mit einer Hand und soll sechsmal um den Gehenden herumlaufen, ohne ihn zu stören. Danach ohne Unterbrechung Ball- und Rollentausch.

2. Spiegelbild: Beide stehen nahe beisammen, prellen ihren Ball synchron mit beiden Händen und nehmen gleichzeitig – ohne das Prellen zu unterbrechen – den Hocksitz und dann die Bauchlage ein. Danach wieder aufstehen usw.

3. Dreimal um den Partner: Wie Übung 1., das Fußballdribbling nun im Laufen mit Richtungswechseln und den Rollentausch schon nach drei Umrundungen vornehmen.

4. Balltausch: Abb. 1; 3 m Abstand. Synchron prellen, auf ein

Abb. 1

Zeichen den Platz wechseln und mit dem Ball des Partners weiterprellen.

5. Schneller Umlauf: Beide in Bauchlage nahe voreinander. Die Bälle mit der rechten Hand zum Partner rollen und mit der linken in

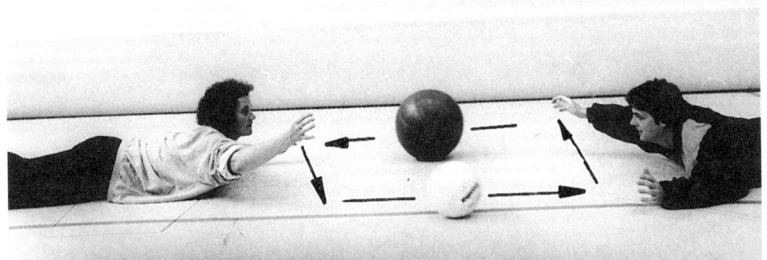

Abb. 2

Empfang nehmen (Abb. 2). Dann sechs „Kreise" mit Werfen und ohne die Ellbogen aufzustützen. Danach das Ganze in der Gegenrichtung.

6. Laufeinlage: Synchron prellen; auf ein Zeichen in entgegengesetzter Richtung zu einer Marke (Wand) dribbeln und schnell wieder am Startplatz einen gemeinsamen Prellrhythmus finden.

7. Schraubstock: Einer im Schwebesitz, den Fußball zwischen den Füßen festgeklemmt. Der andere kniet davor und soll mit dem Handball den Ball des Partners „heraushämmern" (Abb. 3). Jeder hat vier Versuche.

8. Gleich wieder hinsetzen: Hocksitz in 3 m Abstand. Den eigenen Ball senkrecht hochwerfen, schneller Platztausch und den Ball des Partners im Sitz (im Abrollen) auffangen.

9. Beide Richtungen sind möglich: Je sechs Teilnehmer bilden einen Kreis. Alle prellen ihren Ball synchron und wechseln auf Zuruf zum Ball des Nebenmannes, bei *„rechts"* nach rechts, bei *„links"* zum linken Nebenmann.

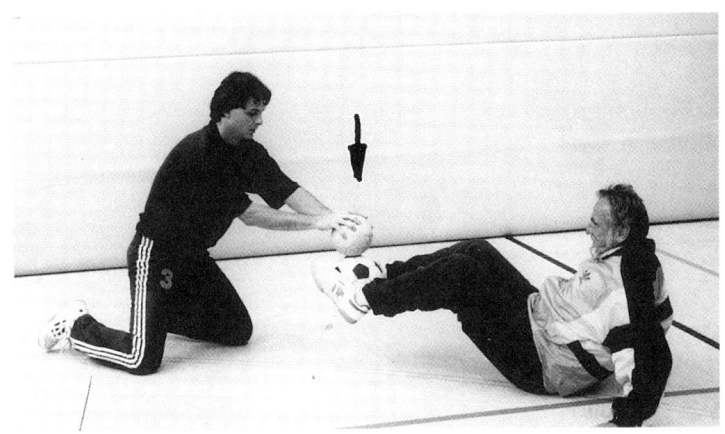

Abb. 3

Zauberschnur und Ball 85

Hinweis: Zwölfergruppen üben gemeinsam an einem Seildreieck (bei großen Gruppen mehrere Dreiecke bilden). Als Seil wird eine Zauberschnur oder mehrere aneinandergeknüpfte Springseile verwendet. Drei Helfer bilden ein gleichseitiges Dreieck und halten im Hocksitz das Seil straff gespannt in Kopfhöhe. Sie werden nach jeder Übung abgelöst. Von den übrigen Teilnehmern hat jeder einen Ball.

1. Um das Dreieck: Alle beginnen gleichmäßig verteilt auf ihrem Dreiecksplatz (Abb. 1), laufen vier (oder mehr) „Runden" im Uhrzeigersinn und prellen den Ball mit einer Hand. Dann in der Gegenrichtung laufen und mit der anderen Hand prellen.

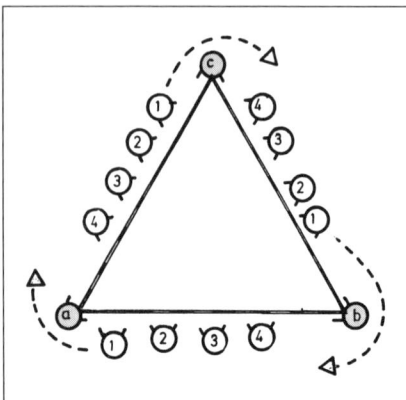

Abb. 1

2. Mit Seilberührung: Schwebesitz, den Ball mit beiden Händen hochhalten. Die Beine gestreckt anheben, bis der Fußrist die Schnur berührt.

3. Rein und raus: Wieder laufen, diesmal mit beiden Händen prellen und – ohne das Prellen zu unterbrechen – auf der ersten Dreiecksseite über die Schnur in den Innenraum springen, auf der nächsten Seite wieder heraus usw. (Abb. 2).

4. Aufbäumen: Bauchlage mit gestreckten Armen, die Unterarme genau unter der Schnur. Den Oberkörper aufrichten und den Ball in Richtung Schnur hochhalten.

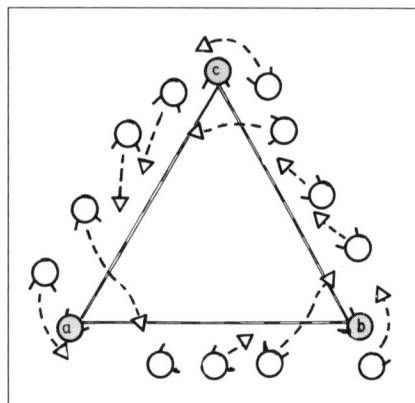

Abb. 2

5. Über die Ecken: Wieder vier oder mehr Runden laufen, diesmal den Ball mit dem Fuß führen, ihn an jeder Ecke aufnehmen und mit dem Ball in der Hand vor den Sitzenden über die Schnurecken springen.

6. Auf Tempo: Sechsmal möglichst schnell über die Schnur in den Innenraum springen und sofort wieder herauskriechen. Der Ball wird die ganze Zeit festgehalten.

7. Klappmesser: Auf dem Dreiecksplatz Rückenlage unter der Schnur, den Ball mit beiden Händen festhalten. Mehrere Klappmesser, wobei sich Fußspitzen und Ball über der Schnur berühren sollen.

8. Sprungserien: An jeder Dreieckseite absolviert einer eine Serie von zehn Sprüngen über die Schnur; man darf eigene Sprungvarianten erfinden. Alle anderen dribbeln solange um das Dreieck, bis sie selbst an die Reihe kommen.

9. Sechs-Tage-Rennen: Drei gleichgroße Gruppen beginnen gemäß Abb. 3. Die ersten beiden jeder Gruppe laufen Hand in Hand zwei Runden um das Seildreieck. Sie müssen dabei mit der freien Hand einen Ball prellen. Für die nächsten zwei Runden wird der erste des Paares durch einen dritten ausge-

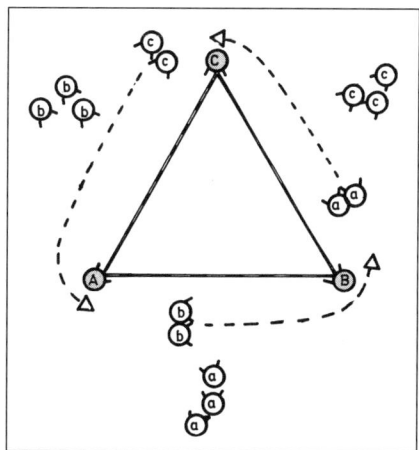

Abb. 3

wechselt (der auch den Ball übernimmt). Die Ablösung des zweiten erfolgt nach zwei weiteren Runden usw. Die Runden werden gezählt. Bedingung: Raumgewinn nur Hand in Hand und beide müssen dribbeln. *„Welche Gruppe läuft in zwei Minuten die meisten Runden?"*

Handtuch und Volleyball 86

Hinweis: Paare; jeder zweite Teilnehmer hat einen Ball; der andere holt sein Handtuch aus dem Umkleideraum. Laufübungen wechseln mit Partnerübungen an Ort und Stelle.

1. Schattenlaufen: Einer läuft mit flatterndem Handtuch (an zwei Zipfeln mit beiden Händen hochhalten) einige Hallenrunden. Der andere folgt dicht dahinter; er darf den Ball tragen oder beliebig prellen (Abb. 1).

3. Torero: Einer hält das Handtuch wie der Torero beim Stierkampf seine Capa. Sein Partner nimmt Anlauf, hält den Ball wie Hörner vor die Stirn und stürmt wie ein Stier in das Tuch.

4. Alle gleichzeitig: Dicht nebeneinander einige Hallenrunden laufen. Auf Zuruf wirft jeder sein „Gerät" senkrecht hoch und fängt das des Partners auf. Alle laufen sofort weiter und achten darauf, niemanden zu behindern.

Abb. 1

2. Trichterkreisen: Strecksitz mit den Füßen in Kniehöhe des Partners. Ein Partner klemmt den Ball zwischen den Füßen fest, der andere das Handtuch. Mit gestreckten Beinen Trichterkreisen; Wechsel nach je sechs Kreisen in beiden Richtungen.

5. Tablett: Abb. 2; das Handtuch waagerecht spannen und den Ball darauf legen. Gemeinsam in den Kniestand, in den Sitz und in die Bauchlage gehen und wieder aufstehen. Das Handtuch dauernd straff halten; der Ball soll rollen, darf aber nicht herabfallen.

Abb. 2

6. Balltransport: Handtuch und Ball wie auf Abb. 2. Von einer Seitenlinie zur anderen laufen, dann Seitgalopp und schließlich Schlußsprünge seitwärts. Der Ball darf nicht herabfallen.

7. Trampolin: Jeder faßt die Zipfel einer Schmalseite (Abb. 2). Das Handtuch ruckartig anspannen und dadurch den Ball in die Höhe schnellen. Mit leichtem Nachgeben wieder auffangen. Dann das Tempo steigern, d. h. den Ball beim Auffangen nicht mehr im Handtuch versinken lassen, sondern sofort abschnellen (Trampolin).

8. Abspiel: Abb. 3; zwei Paare spielen zusammen. Den eigenen Ball schräg hochschleudern (siehe 7) und sofort den anderen Ball im Handtuch auffangen. *„Welcher Vierergruppe gelingen mehr als acht Ballwechsel?" „Welche Paare können den Abstand vergrößern oder das Tempo steigern?"*

Abb. 3

Schwingseil und Ball 87

Hinweis: Zwei Helfer halten das lange Schwingseil (oder drei aneinander geknüpfte Springseile) kniehoch über der Mittellinie (Abb. 1). Sie werden nach jeder Übung abgelöst. Gleichviele Teilnehmer beginnen auf jeder Endlinie, jeder hat einen Ball.

Partner berühren sich unter dem Seil. Die Beine anheben, hoch über dem Seil strecken und dort die Bälle gegeneinanderdrücken.

3. Zwischenpendel in der Mitte: Wieder Pendellauf über das Seil. Diesmal an der anderen Angriffslinie umkehren, über das Seil zur

Abb. 1

1. Gegenverkehr: Gleichzeitig auf beiden Endlinien starten. Über das Seil zur anderen Endlinie laufen und sofort wieder zur eigenen Linie zurück; den Ball beliebig tragen (Abb. 1).

2. Dach über dem Seil: In der Mitte paarweise im Hocksitz. Jeder klemmt den Ball zwischen den Füßen fest, und die Fußspitzen der

eigenen Angriffslinie zurücklaufen und erst dann zur Endlinie. Auf dem Rückweg ebenso mit „Zwischenpendel". Der Ball wird die ganze Zeit mit einer Hand geprellt.

4. Ballkontakt unten und oben: Am Seil paarweise in Bauchlage. Abwechselnd unter und über dem Seil mit dem eigenen Ball den des Partners berühren.

5. Sofort unten zurück: Von der Endlinie vorlaufen, über das Seil springen, darunter zurückkriechen und zum Startplatz zurücklaufen. Die Gegengruppe startet, sobald der letzte das Seil übersprungen hat. Der Ball wird mit dem Fuß geführt, etwa auf der Angriffslinie angehalten und auf dem Rückweg wieder mitgenommen.

6. „Begrüßung": Am Seil Liegestütz vorlings mit den Unterschenkeln auf dem Ball. Abwechselnd mit der linken und rechten Hand – jeweils unter und über dem Seil – in die Hand des Partners klatschen (seine Hand schütteln).

7. Längs über das Seil: Aufstellung gemäß Abb. 2. Einzeln neben der Seitenlinie vorlaufen; dort – ohne einen Läufer der Gegengruppe zu stören – sechs Sprünge schräg vorwärts über die Leine (Abb. 3) und auf der anderen Seitenlinie zurücklaufen. Es dürfen nur zwei Läufer jeder Gruppe „unterwegs" sein, der dritte darf also erst starten, wenn der erste die Endlinie erreicht hat. Vor und nach dem Lauf wird hinter der Endlinie beliebig gedribbelt. *„Welche Gruppe ist zuerst fertig?"*

Abb. 3

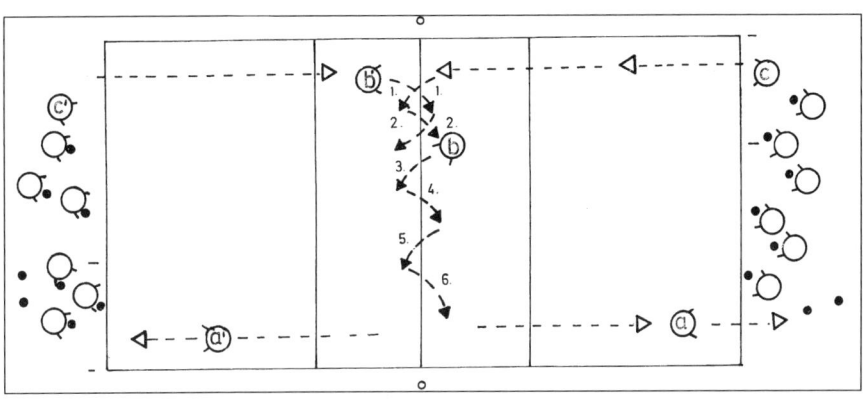

Abb. 2

Weichbodenmatte und Basketball 88

Hinweis: Die Matten gemäß Abb. 1 auslegen. Bei mehr als 16 Teilnehmern eine weitere Anlage aufbauen. Jeder hat einen Basketball (oder einen anderen Hohlball). Laufen mit Ballprellen im Wechsel mit Übungen auf der Matte.

4. Nackenbrücke: Hocksitz mit dem Rücken zur Matte; Abstand etwa 20 cm. Auf den Mattenrand zurückfallen, sich mit den Schultern auf der Matte abstützen und in die Nackenbrücke hochdrücken. Dann den Ball mehrmals in beiden Rich-

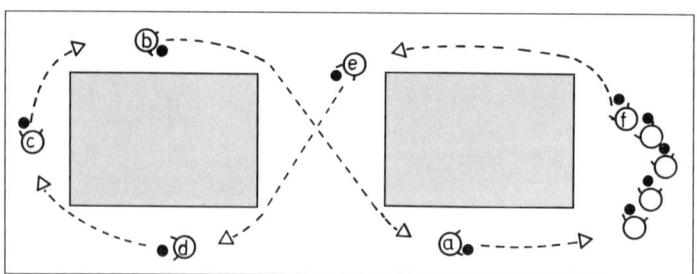

Abb. 1

1. Achterlauf: Laufweg gemäß Abb. 1. Auf jeder zweiten Mattenecke „Platz nehmen" (falls diese Ecke gerade „besetzt" ist, zur nächsten weiterlaufen), sofort mit Schwung wieder aufstehen und weiterprellen.

2. Abrollen: Abb. 2; den Ball zwischen den Füßen einklemmen, auf die Matte fallen und zurückrollen (a). Den Ball mit den Händen übernehmen, vorrollen (b) und gleich wieder aufstehen. Bei großen Gruppen abwechselnd von beiden Längsseiten der Matte.

3. Knie hoch: Längs über die Matten gehen, bei jedem dritten Schritt ein Knie hochziehen und den Ball unter dem Oberschenkel durchreichen.

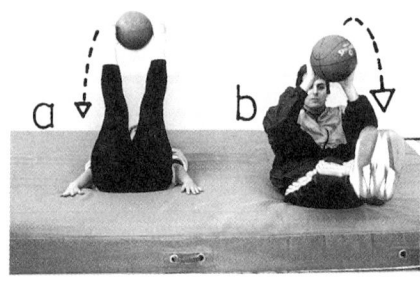

Abb. 2

tungen um den Körper herumreichen.

5. Seitwärts: Nahe am Rand Seitgalopp (oder seitwärts laufen) längs über die Matte dabei mit beiden

Abb. 3

Händen außerhalb prellen. Auf dem Rückweg – über die Matten zwischen den Entgegenkommenden durch – den Ball tragen.

6. Bauchklatscher: Nebeneinander auf der Mattenkante knien und mit dem Ball in Hochhalte gestreckt nach vorn fallen. Zurück in den Kniestand, ohne den Ball loszulassen. Nun ist die gegenüber kniende Gruppe an der Reihe. *„Welche Linie klatscht genau gleichzeitig auf die Matte?"*

7. Schlußsprünge erschwert: Paare hüpfen nebeneinander längs über die Matten. Bei der ersten Serie den Ball in der Vorhalte tragen, bei der zweiten mit beiden Händen auf dem Rücken festhalten

8. Kreisel: Abb. 3; vier Teilnehmer bilden eine Mannschaft. Sie sollen so in die Matte hechten, daß diese sich wie ein Kreisel dreht. Der Mannschaft steht es frei, einzeln oder zu zweit (siehe Abb. 3) zu springen. Bedingungen sind lediglich: der Ball muß immer mit beiden Händen hochgehalten werden und die Füße müssen den Boden verlassen haben, ehe ein Körperteil die Matte berührt. *„Welche Gruppe dreht die Matte am schnellsten um 360 Grad?"*

Drei Bänke und Hohlbälle

Hinweis: Die Schwedenbänke gemäß Abb. 1 im Dreieck aufstellen. In den Ecken sollen etwa 1 m breite Tore offenbleiben. Bei mehr als 15 Teilnehmern wird eine zweite Anlage aufgebaut. Jeder hat einen Ball. Laufen auf festgelegten Wegen wechselt mit Übungen auf der Bank.

1. Zick-Zack: Anfangsaufstellung und Laufweg gemäß Abb. 1. Den Ball mit einer Hand prellen; jedes Bankende (x) und danach eine Begrenzungslinie des Spielfeldes (y) mit der freien Hand berühren.

soll aber keinesfalls seine Nebenleute stören.

3. Durch das Tor: Im Uhrzeigersinn um das Bankdreieck laufen und prellen. Auf Zuruf muß jeder möglichst schnell – ohne das Prellen zu unterbrechen – über eine Bank in den Innenraum springen und diesen sofort wieder durch das nächste Tor auf der linken Seite verlassen und außen weiterlaufen. Ebenso in der Gegenrichtung.

4. Schwebesitz: Jeweils drei Teilnehmer sitzen auf jeder Bank im

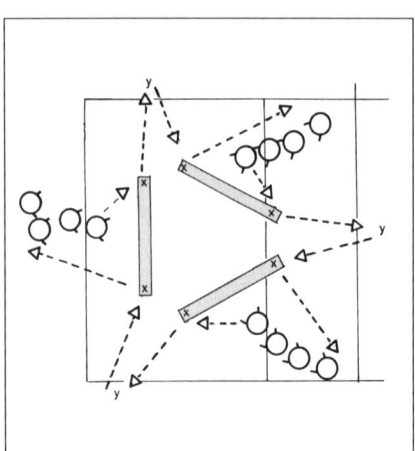

Abb. 1

Abb. 2

2. Alle gleichzeitig: Gleichmäßig verteilt auf der Bank stehen und mit beiden Händen prellen. Nun soll sich jeder genau auf seinem Platz um 360 Grad drehen, ohne das Prellen zu unterbrechen. Er darf sich dabei viel Zeit lassen, kann auch auf der Bankfläche prellen,

Schwebesitz. Den Ball mit beiden Händen festhalten. Durch ruckartige Bewegungen der Arme und Beine soll jeder versuchen, sich auf dem Gesäß in eine Richtung zu drehen. *„Wer kann den Ball mit den Füßen festhalten?"* (Abb. 2).

5. Gedränge: Abb. 3; wieder um das Bankdreieck dribbeln. Diesmal geht es durch jedes Tor in den Innenraum und über die Bank gegenüber wieder heraus. Im Innenraum vorsichtig laufen und prellen.

6. Aufbäumen: Bauchlage vor der Bank. Den Ball mit beiden Händen zur Bankkante anheben.

7. Nummernwettlauf: Auf jeder Bank sitzen gleich viele Teilnehmer nebeneinander mit dem Rücken nach innen. Jeder erhält eine Zahl und muß im Uhrzeigersinn um das Bankdreieck dribbeln, wenn seine Zahl aufgerufen wird. Wer als erster wieder auf seinem Platz sitzt, erhält einen Punkt. Wird eine zweistellige

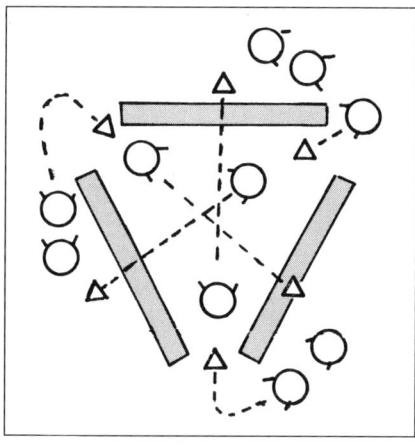

Abb. 3

Zahl aufgerufen, dann spurten gleich sechs um die Wette und zwei erhalten einen Punkt.

Kleinkästen und Gymnastikstab 90

Hinweis: Vier Kleinkästen in 4 m Abstand hintereinander aufstellen (Abb. 1). Bei mehr als 16 Teilnehmern wird eine zweite Übungsbahn aufgebaut. Jeder hat einen Gymnastikstab, jeweils vier gehören zu einem Kleinkasten. Der Lauf um und über die Kleinkästen wird durch einen Zuruf beendet. Bei „*Gefahr!*" und den Stab mit der freien Hand hochhalten (Handwechsel nach jeder Kurve).

2. Schwebesitz: Im Viereck mit den Fersen über dem Kasten: Den Stab zum rechten Nebenmann weiterreichen und vom linken in Empfang nehmen.

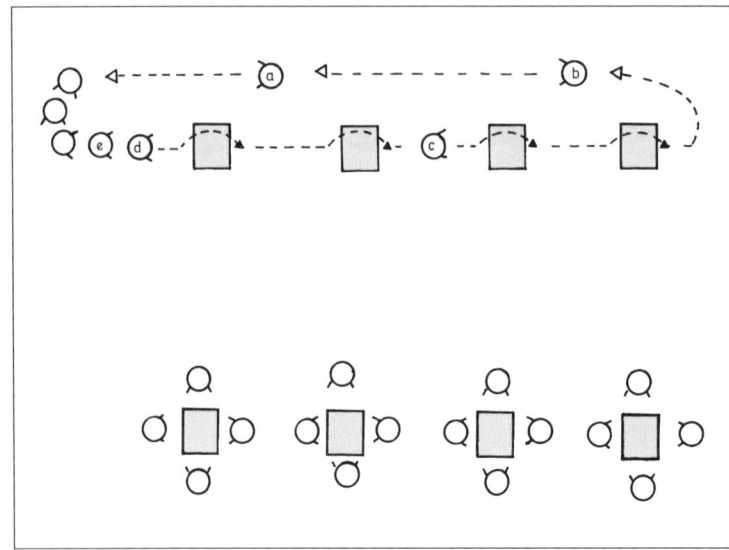

Abb. 1

muß sich jede Vierergruppe schnell auf ihren Kleinkasten stellen (daß es dabei eng zugeht, ist kein Nachteil). Wird „*Panik!*" gerufen, so stellt sich jeder so schnell wie möglich auf irgendeinen Kasten (nur vier pro Kasten). Danach wird jedesmal eine Übung am Kleinkasten absolviert.

1. Slalomlauf: Eng um die Kasten laufen. Mit der Innenhand abstützen

3. Kette: Abb. 2; den Stab des Vordermanns fassen und dem Hintermann das Zufassen erleichtern. Im Lauf über die Kleinkasten die Stäbe hochhalten.

4. Schaukel: Abb. 3; die Sohlen gegen den Kleinkasten stemmen und sich weit vorbeugen bzw. zurückhängen. Die beiden Paare üben im gleichen Rhythmus.

5. Zick-Zack-Lauf: Von jedem Kleinkasten zur wandnächsten Spielfeldlinie laufen. Kasten und Linie mit dem Stab berühren.

6. Hochhalten: Bauchlage im Kreuz um den Kasten, den Stab schulterbreit fassen. Immer zwei schieben den Stab flach auf die lederne Sitzfläche und heben ihn 10 Sek. lang an. Dann die anderen beiden.

Abb. 2

7. Schrittsprünge: Schnell laufen und über die Kasten springen; den Stab bei jedem Sprung hoch gegen die Decke strecken. Neben der Kastenbahn zurücklaufen.

8. Hochstemmen: Hocksitz um den Kasten, die Sohlen gegen die Seitenwand pressen und gemeinsam den Kasten in die Höhe stemmen und wieder vorsichtig absetzen. *„Gelingt das Anheben mit dem Stab in Vorhalte (also ohne sich mit den Händen abzustützen)?"*

Abb. 3

Zwei weitere Bücher aus unserem Verlag von Gerhard Dürrwächter

Volleyball
Spielend lernen – Spielend üben

10., verbesserte Auflage 1993

1967. DIN A 5, 160 Seiten,
ISBN 3-7780-5140-7 (Bestellnummer 5140)

Eine methodische Spielreihe zieht sich als „Hauptstraße" durch einen Lehrplan für das Volleyballspiel. Zusätzliche vorbereitende Spiele ergänzen als „Umleitungen" den Lehrweg und verkleinern die Lernschritte. Methodische Übungsreihen zum Erlernen der technischen Grundelemente Pritschen, Aufschlagen, Baggern, Schmettern und Blocken münden als „Zubringer" an methodisch geeigneten Stellen in diesen Lehrweg ein und sollen den Erwerb einer regelmäßigen Technik ermöglichen oder erleichtern.

Volleyball Angriffstraining

Übungssammlung auf Karteikarten

1991. DIN A 5, 81 Arbeitskarten
und ein 24seitiges Begleitheft,
ISBN 3-7780-9971-X (Bestellnummer 9971)

Verglichen mit einem Training das sich auf das „Einschmettern auf der IV" beschränkt, macht ein abwechslungsreiches und mit anderen Trainingszielen verknüpftes Angriffstraining nicht nur mehr Spaß, sondern verhilft auch jeder Mannschaft und Übungsgruppe zu einem erfolgreichen Angriffsspiel. Im Begleitheft sind u. a. Hinweise zum Einsatz der Karten und zur Technik des Schmetterschlags, ein Abschnitt über Sicherheitsmaßnahmen und eine Zusammenstellung der Spielregeln enthalten.

 Verlag Karl Hofmann • D-73603 Schorndorf
Postfach 1360 • Telefon (0 71 81) 402 -125 • Telefax (0 71 81) 402 -111